鳥飼玖美子

やっぱり英語をやりたい！

GS
幻冬舎新書
712

はじめに

これまで私はずっと英語に関わってきました。

最初は同時通訳者として。その後、大学英語教育改革に取り組み、次は大学院で異文化コミュニケーション学を指導し、その一環として外国語教育のあり方を探究しました。

政府による英語教育政策に疑問を抱くようになってからは、早期英語教育に警鐘を鳴らし、英語スピーキング力を入学試験で測定することの危うさについて、著書や講演などで訴えてきました。

長いこと続けてきたので、英語学習に関心のある方々から英語を学ぶ方法について問われることも多く、そのたびに第二言語習得理論や外国語教育学、異文化コミュニケーション学などの知見をふまえて説明してきました。

ところが何年経《た》っても、講演での質問はいつも同じようなことを聞かれますし、現行の英語教育政策に反対する人が増えたわけでもないような気がします。いろいろ課題はあるとしても、やっぱり英語は早くからやったほうがいいし、読めても話せないのが日本人なんだから、入試で英語スピーキング力を測れば話せるようになるだろう、という多くの方々の信条は変わりません。

　これだけ何冊も本を書いたのに何も変化は起こらない。どうしたらよいのだろう……と分からなくなって、この1～2年ほどは本を書く気力が失せてしまいました。

　そんな中、「編集者の質問に対して答えるインタビュー取材を新書にしたい」という企画の提案をいただき、迷った末にお受けしました。そして数々の質問を受けているうちに、これまでとは違った答え方をしてみたくなりました。

　理念や理論を前面に出すやり方を変えて、多様な学習者の多彩な英語学習体験をもとに私の思いを語ってみようか、という気持ちになったのです。

　きっかけはＮＨＫ　Ｅテレ「太田光のつぶやき英語」で出会ったゲストの方々の個性的な英語学習方法を知ったことです。学校英語教育の影響を受けた方もいますが、大半のゲストは自分ならではの勉強法を独自に工夫して成果を出していました。その熱意に感嘆しながら、英語学習はこうあるべき、と一概には言えないことを実感したのです。

そこで本書では、英語教育政策から離れ、あくまで個人としての英語学習者を念頭に、質問に答えつつ、番組ゲストや友人や私自身の英語学習法を事例として紹介してみます。英語を学ぶ方法は一つではありません。どんな方法であっても、自分に合ったやり方を見つけ、自分自身にとって楽しければ、続けられます。

読者の中には、かつて習った英語をやり直したいと考えている方々も多いでしょうし、学校や試験の英語で苦しんでいる英語嫌い予備軍もいるでしょう。

どのような環境にある方でも、本書を手に取り、「へー、こんな方法もあるんだ、面白いな」と読んでいるうちに、「やっぱり英語、やってみるか」と思っていただけたら、これほど嬉《うれ》しいことはありません。

２０２３年秋

鳥飼玖美子

やっぱり英語をやりたい！／目次

DTP 美創

第1章　英語を学ぶ

本書では、英語学習者が抱く数々の疑問に答える形で、私の考えをお話しします。

まず、第1章で、「英語を学ぶ」とはどういうことか、英語学習の根幹に関わる質問を取り上げてみます。

英語を学ぶ意義

Q 英語は「コミュニケーションのスキル」「単なる道具」と割り切るほうが、上達が早いですか。

A **私は言語というものを、単なるコミュニケーションの道具だとか技術だとは考えていないのです。**だって言葉って、そんな単純なものではないから。

言葉を使いこなすのが人間ですけれど、その人間がそもそも複雑な生き物なのだから、単純にいかないのは仕方ない。「話す」ということ一つをとってみても、どれだけ複雑か。人間同士のコミュニケーションは文化だの社会だのさまざまな要素が絡み合うから、定型表現の暗記だけではすまないのです（詳しくは第２章を参照）。

それにしても「英語は道具」という意見は根強いですね。１９７０年代には雑誌に「道具としての英語」という特集タイトルが登場していて、それ以来ですかね。私見ですけど、「英語なんて所詮《しょせん》は道具なんだよ」と割り切りたい意識の深層《しんそう》にあるのは、英語に対する潜在的なコンプレックスではないか。そのコンプレックスがどこから来るのかは、他の質問に答えながら、考えてみたいところです。

それ以外に潜んでいる感じがするのは、「英語に比べて日本語は複雑で難しい言葉なんだ」「日本語は特殊な言語で、英語には翻訳できない」と思いたい心理。

その証拠に、「日本語は難しいですからね。英語に通訳するのは大変でしょう」と聞かれることがよくあります。それに対して「うーん、どの言語もそれぞれ背景に文化があるから、どんな言語であっても翻訳や通訳は難しいんです。訳すのは不可能だと思える表現があるのは日本語だけではなくて、英語も同じです」と答えると、なんとなく不満そうな表情になる。会話が盛り上がらない。英語に訳せない日本語を紹介すると、「そうなんですよね！　やっぱ、日本語って難しいんだな」と満足げになるのと大違い。日本語にならない英語を紹介するより、英語にできない日本語の例を紹介すると嬉しそうになるのは、日本語への愛着なのでしょうね。

ところが不可解なのは、それだけ日本語を特別な存在だと思っていながら、英語は必要だ、英語ができなければこれからの世界で生きていかれない、という気持ちも強くあること。

これって、どういうことなんだろう、と不思議なのですけど、察するに、難しい日本語に比べて英語は単なる道具なんだから、そのつもりで技術としてスキルとして英会話をやればいい、となるのかもしれません。

ところがどっこい、英語も日本語と同じくらい難しいし、パソコン講座でエクセルの使い方を習うようにはいかないのですよね。

英語に対する日本人の屈折した心理は、英語の発音についての感覚にも表れています。帰国生が英国で身につけた発音をしたら、先生からイヤな顔をされた、ということがありました。私自身は帰国生じゃない日本生まれ日本育ちですけど、小学生の頃、母親から教えてもらった発音でhatと言ったら、日本人の先生に「子どものくせにキザな発音」と注意されてしまいました。

中学校の授業を見学していたら、グループで会話の練習をしていた男子の一人がfishと英語らしい発音をした。そうしたら他の男子たちから「なんだ、オマエ、カッコつけんじゃねぇよ」とからかわれて、真っ赤になってしまい、「フィッシュ」とカタカナ英語に直しました。せっかく英語らしい発音だったのに、見ていて残念でした。日本は同調圧力が強い社会なので、目立ち過ぎて仲間外れにされないよう、わざとジャパニーズ・イングリッシュ風の発音をしていた、という帰国生の話も聞いたことがあります。

英語が上手になりたい、ネイティブ・スピーカーみたいに流暢《りゅうちょう》に英語を話したいと言いながら、なぜか英語らしい発音には反発する。中高生や大学生、とくに男子が、あえて日本語的な発音をするのも、同調圧力か、日本人としてのアイデンティティが脅《おびや》かされると感じるからでしょうか。

ある著名なタレントさんが、テレビ番組で「英語っぽく発音するって、すっごい恥ずかしいじゃないですか」と発言しているのを聞いて、「あぁ、こういう意識が若い世代にもあるんだ」と思いました。

この複雑怪奇というか、コンプレックスと憧《あこが》れが入り混じった、なんともいえない屈折が、「英語は道具」と言ってしまいたい心理の奥にあるのではないか。そしてこの感覚が、実は英語を学ぶうえでの障害にもなるのではないかと感じています。

動機付け（モチベーション）

Q 学び続けるには、モチベーションが大事だと思いますが、モチベーションを保ち続けるための秘訣はありますか。

A **「モチベーション」（motivation）とは、日本語で「動機付け」のことです。**なんらかのきっかけがあって触発される。英語で言えば、inspire される。心に火がついたようになって、自ら「これをやりたい」「学びたい」と行動するにいたる。「目的意識」と言い換えてもいいかもしれません。これがないと学び続けることはできない。

モチベーションというのは、何かを粘り強く続ける契機となることなので、それがどういう形で現れるかは人によります。努力を続けられないということは、動機付けが弱かったのかもしれませんね。心に火がつくまではなかった。

英語学習でありがちなのが、「今の時代、英語くらいできなきゃまずいかも」となんとなく思うこと。で、英会話本を買ってきたり、ラジオ講座を聞いたり、英語検定試験を受けたりするんだけど、肝心の自分自身にとって切実な目的があるわけではない。こういう漠然とした気持ちだと長続きしないんですよね。動機付けとして弱いから。

検定試験のスコアで自信をなくしてたちまち挫折、英会話学校は途中で面倒になる、英語講座も飽きてしまう。結局、「英語、もういいや」と放り出しちゃう。

動機付けの重要性は、よく知られているので、教員はなんとか工夫して生徒の意欲を喚起したいと思うわけですけど、これって、難題。何をしたら動機付けになるのか処方箋《しょほうせん》やマニュアルがあるわけではないから、いろいろ試すしかない。だけど、一人ひとりの生徒に合わせた動機付けを考えるなんて、どだい無理です。

自分はこうだった、と昔の体験を披露してみたって生徒や学生にはピンとこなかったりするし、受験があるんだから頑張るしかないだろう、とお説教したら動機付けになるどころか生徒は「ウザい」とそっぽを向くだけ。

そもそも学習の目的って、本人が見つけることなのですよね。「馬を水飲み場に連れて行くことはできるけれど、飲ませることはできない」という格言があります。自分で飲みたいと思わなければ、馬は水を飲まない。つまり、「この水はおいしいよ。体にもいいよ」とすすめることはできるけれど、「英語」という水を飲むのは本人次第ということ。

「なぜ英語を学びたいのか」「何のために英語を学ぶのか」というのは自分自身が考えることで、それさえしっかりしていれば、意欲が生まれて、学習法も自分で工夫するようになります。「ゼッタイこれをやりたい！　そのためには英語が必要なんだ！」となれば、誰に言われるまでもなく、自分から必死に努力をし始める。心に火がつくと、人が変わったように猛然とやり始める。そんなふうに、まるでやる気がなかったのに「化けた」学生を、これまで何人も見てきました。

かくいう私もそうでした。「意欲がない」「やる気がない」と親からも先生からも呆《あき》れられていました。小学校卒業の直前には担任の先生から「あなたに一番欠けているのは意欲です。何のことだか分かる？」と聞かれ「分かりません」と答えたら、「やる気のことです。あなたに少しでもやる気があったら、といつも思ってます。中学生になったらやる気を出しなさいね」と諭《さと》されました。

そう言われても困りましたが、先生の愛情だけは伝わってきたので「はい」と返事をしました。でも、そもそも「やる気」が何のことか分からないのですから、どうしようもありませんでした。

そんな私が親も驚くほど変身して英語を勉強し始めたのは、高校生になってからです。アメリカに留学してみたくなり、俄然、「やる気」が出たんですね。それからは「やる気」の塊みたいになって猛進《もうしん》した。つまり、「目的」が見つかれば、それが「動機付け」となって「意欲」が生まれ、行動を推進するんです。

それ、ホント？　と懐疑的な方のために、著名人の実例を紹介してみます。

MIYAVIさんの例

強い動機付けが英語学習への意欲に火をつけ、さまざまな学習法を試し、見事な英語力を身につけた例として紹介したいのが、ロックギターのスラップ奏法で有名なMIYAVI《ミヤビ》さんです。

「サムライ・ギタリスト」と呼ばれ、世界を舞台に活躍中。俳優やモデルのほか、UNHCR（国連難民高等弁務官事務所）の親善大使もつとめ、最近はYOSHIKI《ヨシキ》、HYDE《ハイド》、SUGIZO《スギゾー》とTHE LAST ROCKSTARSを結成したことでも話題になりました。

私が解説をつとめているNHK Eテレ「太田光のつぶやき英語」で、メタバース（metaverse）に詳しいMIYAVIさんをゲストにお招きしたことがあります。

日本語でも英語でも、理解して表現する力が抜群でした。

MIYAVIさんは2016年、アンジェリーナ・ジョリーが監督した作品〝Unbroken〟（「不屈の男」）に俳優として出演したことがあります。第二次世界大戦中に日本軍の捕虜となった米軍人の実話をもとにした映画で、父親への劣等感から捕虜に残虐な仕打ちをする収容所所長という難しい役を演じ、演技とともに英語が印象的でした。発音やイントネーションが傑出《けっしゅつ》しているのは、ミュージシャンなので耳がいいということもあるかもしれないのですけど、映画出演についてアメリカのテレビ番組でインタビューに答えている姿を動画で見たら、語彙《ごい》力が半端じゃない。日常英会話の域をはるかに超える語句や慣用表現を自在に使いこなしているのです。

「つぶやき英語」では、英語を学ぶためアメリカに渡り英語学校に通ったこと、知り合った友人を日本に招いて共同生活をして日々の暮らしから英語を学んだ、との説明がありました。

でも、それだけでは、ふつうは、あれだけの語彙力をつけるまでにはいかない。

いったいどんなふうにして、英語を学んだのか。これだけ語彙が豊富だということは、「読むこと」に力を入れたのではないだろうか、とどうしても知りたくなり、後日、質問を送ってみました。

返ってきた答えにあったのは、ひたすら実践。海外で人と会う、ステージ上でしゃべる、スピーチをする、ラジオやテレビに出演する、スタッフや企業とミーティングをする、メールでやりとりする、ブログやSNSで発信するなどして、「使いながらブラッシュアップしていった感じです」というお返事でした。

うーん、でも、それができるくらいの英語力をどうやって身につけられたのだろう、と疑問は残る。そこで考えたのが、中高で教科書を読んだりして英語の基礎があったからではないか。ところが調べてみたところ、私の推理は見事に外れちゃいました。

生まれは大阪で、子ども時代はサッカー少年。中学2年のときに怪我でサッカーをやめてからは荒れたらしく、昔風に言うと不良。高校は半年で中退。勉強どころじゃない。そんなとき、たまたまギターという楽器を知って、心に火がついたらしい。

夜行バスで東京へ向かい、ビジュアル系バンドに入ることに。やがてメジャーデビューしたのですが、海外で演奏する機会が増えると、英語の壁が立ちはだかります。ステージ上で英語を話すことが、思うようにできなかったのです。

そこで25歳のとき一念発起。演奏活動を3カ月も休んで、ロサンゼルスの英語学校に入学します。日本に帰国してからも英語漬けの環境に身を置くなどの努力を続けました。

海外でのライブ公演で観客に英語で語りかけたいという強い動機付けが努力を牽引《けんいん》し、最初の頃はメモを用意していたのが、今では30分くらいでもメモなしで、英語で話すことができるようになったとのことです。

何のために英語をやりたいのか目的意識が明確なら、大人になってからでも、仕事をしながらでも、英語を学ぶのは可能だ、というお手本のようです。

動機付けが英語学習を引っ張った例は他にもあります。

鈴木智也さんの例

「つぶやき英語」でゲストにお招きした鈴木智也さんは、都市型スポーツ（urban sports）のパルクール（parkour）選手。「パルクール」は、フランス語で「道のり、行程」を意味するparcoursに由来し、「走る、跳ぶ、登る」などの移動動作を通して心身を鍛えるスポーツです。パルクール界のカリスマと呼ばれる鈴木選手は、空中技を取り入れたフリースタイルが得意な日本チャンピオンとして活躍中。

中学時代までは野球少年でしたが、15歳のときにYouTubeの動画でパルクールを見て「カッコいい！」と魅せられます。でも当時の日本ではあまり知られていないスポーツで、指導者もいません。

そこで、パルクールを学びたい一心で渡米。2年後には英語でInstagramに投稿するくらいに英語も上達。都会のどこでもできるスポーツなので、練習していると話しかけてくるアメリカ人も多く、自然に英語でのやりとりをするようになったとのこと。このスポーツをやりたい、という目的意識が英語学習への強い意欲を喚起した好例です。

スタジオでお会いした後、鈴木選手はフランスで開催された国際大会（パルクール・ワールドカップ・モンペリエ、2023年5月）男子フリースタイルで2位入賞。そのときの様子がスポーツニュースで紹介されていました。

華麗な技とともに、英語で話しているらしい姿もチラッと写っていたので、頑張ってるな、と嬉しくなって、思わずテレビの前で声援を送りました。

ゆりやんレトリィバァさんの例

お笑い芸人のゆりやんレトリィバァさんは、スタンドアップ・コメディ（stand-up comedy 一人で舞台に立って演じる笑いの芸）をアメリカでやるのが夢です。

２０１９年にはアメリカの公開オーディション番組“America's Got Talent”に出演。残念ながら入賞は逃《のが》しましたが、そのときの様子をYouTubeで見ると、審査員たちが大笑いしているんです。ゆりやんは審査員からの質問やコメントにも、しっかりと答えていました。

どんな質問が来るか予測がつかないので、答えを用意しておくわけにはいかないですし、英語が母語ではない人間が英語で笑いをとるのは相当に難しいことなのですが、臆せず受けて立ち、しかも爆笑させていたんです。

コロナ禍でしばらくアメリカでの挑戦はできなかったそうですが、今も夢は捨てていません。そのため、ひたすら英語のスタンドアップ・コメディを動画配信で観て勉強し、ノートに書き写している、とのことです。

並外れた努力が見て取れ、やっぱり目標や夢がある人は、気合が違う、と感心しました。

目的意識は、なにも大それたものである必要はありません。

海外旅行で翻訳機を使わずに現地の人と会話を楽しみたい。Ｘ（旧Ｔｗｉｔｔｅｒ）やＦａｃｅｂｏｏｋなどのソーシャルメディア（social media, ＳＮＳ）への投稿を自動翻訳に頼らず自力で英文にして発信し、世界の人たちと交流したい。好きな海外ドラマを英語で楽しめるようになりたい。英米文学を原書で読んでみたい。海外からの旅行客に何か聞かれたら答えてあげたい。海外とのメールのやりとりを英語でできるようになりたい。英語で書かれた説明をさっと読めるようになりたい……など、なんでもいいんです。

動機付けと目的意識が強いほど、意欲がかき立てられ、努力が長続きします。

たとえば、メイクアップ・アーティストとして活躍する西村宏堂《こうどう》さんです。

西村宏堂さんの例

「つぶやき英語」でお招きしたゲストの西村宏堂さんは、メイクアップ・アーティストとして世界的に知られている浄土宗の僧侶。

中学生の頃、英語は嫌いだったそうです。たとえば「フレンズ」をなんでfriendsって書くんだ？　とわけが分からず、「こんな道理が通らない言語は勉強しません」と意地を張っていたとか。

ところが高校生になって自分がＬＧＢＴＱ当事者であることに悩み、友人も作れないでいたときに、世界中の10代男子がアクセスして、英語で会話するチャットサイトを知ります。英語ができなければ悩みを相談することができないし、留学したとしてもコミュニケーションがとれないと生きていかれないと痛切に感じ、真剣に英語を勉強するようになりました。

英語でのチャットの会話を読んで分からない単語や語句は調べ、自分も英語で返信。難しい英語やチャット独特の省略表現が分からないと、教えてくれる人もいたので、かなり学んだとのことです。

やがてアメリカの大学に留学し、メイクの仕事をするようになると、相手の希望を聞いて自分のアドバイスを話し、やりとりしながら最善のメイクを目指した西村宏堂さん。スタジオでは時に英語も交えながら縦横に語って、日本語と英語の２言語横断（translanguaging）が印象的でした。

日本語で刊行した著書の英訳を出版した際には、翻訳された英文に自分自身で相当に手を入れたとのことです。この本が世界で話題になり、２０２１年には米国ＴＩＭＥ誌のNext Generation Leadersに選出されました。

自分で書いた日本語の英訳を読んで修正するというのは、日本語と英語の違いをまざまざと感じることになり、２つの言語の溝《みぞ》を自分なりに埋めようと呻吟《しんぎん》する体験なので、またとない学びです。

上達している実感

Q 英語を勉強していますが、進歩している実感が得られません。多少なりとも実感があれば、もっとやる気が出るのですが……。

A 一生懸命勉強しているのに、上達している感じがないって、つらいですよね。

どう答えようか、まずは話題の対話型ＡＩのＣｈａｔＧＰＴに英語で質問してみました。

そうしたらなんと「私はＡＩですので、あなたの英語スピーキング力についての情報がありません。ご自身で私に情報をくださらないと判断できません」。そりゃそうですよね。

でも、ＡＩは親切ですね。人間ならそれだけで突き放すところを、「でも、英語を話す力を判定する方法をいくつか提案することならできます」とつけ足して、「自分の英語を録音して聞いてみる」「英語母語話者と会話してみる」「ＴＯＥＦＬやＩＥＬＴＳを受験する」などいくつか選択肢をあげてくれました。

そして最後にアドバイスがありました。

Remember that language learning is a process, and it takes time and practice to improve. Don't be discouraged if you feel like you still have a long way to go – the fact that you are working on improving your English speaking skills is already a step in the right direction.

「言語を学ぶには時間をかけて練習するしかないから、まだまだだなぁ、と思ってもくじけないで。なんとかしようとしているだけでも一歩前進です」。あれあれ、ＡＩに励まされちゃった。

でも、これだけじゃ満足できませんよね？

そもそも「進歩している実感」って、どういうことなのでしょう。

それを考えるきっかけになったのは、中京大学国際学部主催・梅村学園創立100周年企画記念シンポジウム「英語教育の100年―振り返り、未来を拓く」（2023年5月27日）でした。日本の英語教育をよくしようと協働してきた通称「4人組」の10周年にもあたるので、大津由紀雄さん（言語の認知科学）、江利川《えりかわ》春雄さん（英語教育史）、斎藤兆史《よしふみ》さん（英語文体論）と鳥飼玖美子が登壇しました。

自由に意見を交わす中で、大津さんが高校生になって初めて泳げるようになったときの水泳学習の体験を語り出しました。まったく泳げなかった自分がある日、突然、水にフワッと浮き上がる体験をした。その体験以降は、それまでのことがウソのようにみるみる上達していったというのです。そして、「英語を勉強していて、フワッと浮き上がる感じを体験したこと、ありますか？」と私に質問したのです。

「フワッと浮く感じ」なんて考えたこともなかったので、とっさには思い浮かばす「浮かび上がるどころか、私は挫折ばっかりで……」とムニャムニャ答えてお茶を濁してしまったのですが、それから気になって考えているうちに、これは「進歩したという実感」のことなんだ、と思いつきました。

大津さんは質問の際に、ご自分が水泳を試みていて「泳げるようになった」と実感した体験を例として出していたので、私自身が水泳を習ったときのことを思い出したのです。

子どもの頃は毎年、夏休みになると茅ヶ崎に家族で海水浴に出かけていました。父は、第二次世界大戦中は帝国海軍の主計少佐だったので、まずは浜辺で「海軍体操」。平泳ぎの型を身体《からだ》で覚えさせようとしたのでしょう。

海軍式の準備体操をしたら、海に入って泳ぐんですけど、いくら陸で型を覚えたって、すぐに泳げるようになるわけない。波に襲われ海水を呑んで沈没しそうになって、恨めしく思いながら、泳ぐというより、もがくんですけど、あるとき、フワッと浮き上がる感じがして、それから平泳ぎができるようになった。今でも海で泳ぐのは大好きです。

そうか、一生懸命やっているうちに、突然、フワッと浮き上がる感じがする、それが進歩の実感なんだ、とひらめいて、すぐに「４人組」の仲間にメールで聞いてみました。

斎藤兆史さんからは、２０２３年に出版したばかりの著書『英語達人列伝Ⅱ』で嘉納《かのう》治五郎《じごろう》のエピソードを紹介したと知らされ、そうだったと再読したら出ていました。

嘉納治五郎の例

嘉納治五郎は、国際オリンピック委員会の委員として国際的に活躍した柔道の父。NHKの大河ドラマ「いだてん～東京オリムピック噺」（２０１９年）では、役所広司さんが演じていました。

嘉納治五郎は師範との乱取りの体験を次のように語っています。

「或る日のこと、先生と乱取りをしていると、自分の投げがよくきく。これまでは、こちらからなげることもあったが、ずいぶん先生からなげられたのに、その日はこれまでとちがい、不思議にも先生からは一本もとられず、しかも自分のかけるわざがまことによくきく。…先生は起倒流であるから、投げわざの名人であって、平素自分は、よく先生から投げられたのである。しかるに、その日は本当に珍しい結果を見たのである」

師範は不思議に思ったようですが、嘉納が「いかに相手の身体を崩すかに着目して努力を重ねた」かを知って納得し、「それ以降、嘉納の乱取りの相手をすることはなかった」とあります。

著者の斎藤さんは、「上達の鍵は努力」だと信じているのですが、「上達曲線」という現象を次のように説明しています。

「努力した分だけ右肩上がりにどんどん上達していくなら誰も努力を厭《いと》うまい。だが、話はそう簡単ではない。同じような努力を続けていても、一向に上達しないどころか、下手をすると腕が落ちていると思うときさえある。

すると、あるとき、ふっと高いところに引き上げられるような感覚を味わう」

「語学もこれと同じである。初学のうちは、語彙、発音、文法を覚えながら、ほぼ右肩上がりで上達している。しかしながら、やがてその伸びが緩やかになってくる。ここが踏ん張りどころだ。

上達曲線が波形を描こうが、下降しようが、ひたすら努力を続けていると、あるところで、その線が急上昇することがある。もちろん、そこから一直線に上昇していくわけではない。また波形と下降と急上昇を繰り返していく」

なるほど、と納得して、今度は著者の斎藤兆史さんにご自身の体験を尋ねてみました。「学習マニア」と自認している方らしく、早速、２種の具体例が届きました。

斎藤兆史さんの例

私は学習マニアなので、いろいろなことに手を出しましたが、一生懸命練習・稽古《けいこ》していてもなかなか上達しないのに、言語教育の用語を用いると、どこかでその練習・稽古が「内在化」するのでしょうか。フッと高いところに引き上げられる感覚を味わいます。

私個人の経験で典型的だったのは将棋で、高校生の頃まで地元の道場で初段前後でなかなか勝てませんでしたが、大学の将棋部に入部し、相変わらず勝てないながらも必死に対局をしたり、定跡本を読んだりして、久々に帰省した折に道場に行ってみたら、それまで全然勝てなかった相手に面白いように勝てるようになった、ということがあります。

あるいは、たしか気まぐれにジャグリングを始めたときのことでしょうか、最初は三つ玉のジャグリングがなかなかできませんでしたが、あるとき、夢の中で（というか夢《ゆめ》現《うつつ》の状態でしょうか）三つ玉が空中で交差する軌道が感じられ、翌日からその技ができるようになったこともあります。

江利川春雄さんは具体的な参考書のタイトルとともに、落ちこぼれになりかけたところから浮き上がった思い出を語られました。

江利川春雄さんの例

急に難しくなった英語に僕がついていけなくなったのは、高1（工業高専1年）の1学期でした。

僕の入学した栃木県の小山工業高等専門学校は英語科のスタッフ全員が東京教育大学（１９４９～78年）の出身者で、指導熱心ゆえか文法も語彙も一気に難しくなり、なかには英語のみで授業をする先生もいました。それがハロルド・パーマー（Harold Palmer　１９２２年に英国から来日、１９３６年まで文部省内英語教授研究所長）が提唱した音声重視のオーラル・メソッドであったことを知ったのは、大学で英語科教育法を講じるようになってからです。

落ちこぼれかけた僕を救ってくれたのは、１年生の夏休みのときに通読した梶木隆一先生の『英語の基礎』（旺文社）でした。

本屋で一番やさしそうな文法参考書である同書を買い、ともかく通読してみたのです。その後も、ことあるたびに参照しました。大事な項目は赤刷りになっており、ポイントが摑《つか》みやすく、親切な参考書でした。

この本のおかげで「英語の仕組み」が分かるようになっていきました。

ほぼすべての英文が５つの文型に分けられることを知ったときは、宇宙の法則を知ったコペルニクスの気分でした。

難しい英文に出くわしたら、文法的な仕組みを解きほぐせば分かるようになるんだ、と実感しました。

その夏休みにはもう一つの英語体験をしました。英文解釈の特訓です。

1年生の「リーディング」（読解）担当は青木常雄門下の本多俊男先生でしたが、とても厳しい先生で、夏休みの宿題は青木常雄と共著の『精選基礎英文解釈問題集』（修文館）を丸1冊解答して提出せよというものでした。

エアコンもない実家で、汗だくになって全279題を和訳し、分厚い解答集を提出したことを覚えています。

そのおかげで、英文への恐怖心が薄らぎました。

辞書さえ引けば「どんな英文でも読めるぞ」という自信をつけてくれたのが、高梨健吉先生の『英語の構文150』（美誠社）です。

日本人がつまずきそうな構文をギッシリ集めて分かりやすく解説しており、それをもとに例文を訳していく方式で、最後までやると通常の英文であれば読めると実感しました。

そのため、家庭教師でも、講師をしていた予備校の個別指導でもテキストとして使用し、生徒がメキメキ読解力をつけていったことを覚えています。家庭教師先の生徒は、現役で北海道大学に合格しました。

以上、ささやかな体験です。

音声面で「フワッと浮く感じ」が書けないのは、僕らの時代は「文法と読解」が中心だったからでしょう。でも、僕はそれに感謝しています。

音声面で少し自信がついたのは、アルクの通信教育の「１０００時間ヒアリングマラソン」をしてからですが、あまり楽しい思い出ではありません。教材に深みがないと、つまらないものです。

さすが英語教育史の専門家らしい分析です。文法嫌いだった私と違って、文法参考書できちんと英語の仕組みを理解したことに脱帽。音声面で「フワッと浮く感じ」はなかったようですが、これは私の体験とちょっと違います。

鳥飼玖美子の例

高校３年生でアメリカに留学して半年くらい経った頃、間違った発音をしていたのに、ホストファミリーが注意もしないし、訂正もしないでいたことに気がついたんです。

なぜ直さなかったのか聞いてみたら、「なんかキュート（cute）な感じだったから」とお母さんが答えたので、ぶち切れちゃった。「ワタシが間違ったカワイイ英語を覚えて日本に帰ってもいいわけ？」と詰め寄ったら、両親と姉妹全員で謝りました。そして、それからは発音が間違っているたびに直してくれたんですけど、エッ、今までこんなに変な英語、しゃべってたの？　とショックでした。

いろいろ直された中で一番苦労したのは、do の過去形 did の否定 didn't。母音の〔i〕の後は子音が〔dnt〕とつながっています。日本語の影響で、どうしても子音の後に母音が入ってしまうせいか、ドタドタした感じになるらしく、なんか妙だ、って言われました。

一家総出でお手本を発音してくれたんですが、いくら真似《まね》しても「そうじゃない、違う」。何が、どう違うのか、彼らは音韻論の専門家ではないので説明できない。私も高校生で子音連結の難しさなど知らないので、やみくもに何度も何度も試していたら、突然、「そう！　それ！　それだ！」と言われたんです。そのときから、子音が連結した

[didnt] を発音できるようになりました。フワッと浮く感じでした。

もう一人、英語教育4人組の仲間である大津由紀雄さんからは、よくぞここまで覚えていると感嘆するほどの体験談が送られてきました。

大津由紀雄さんの例

「フワッと」体験は英語学習でも、言語学研究でも、思い出があります。

まずは英語学習から。わたくしは中学校から立教に行っていましたので、高校受験や大学受験の必要がないという環境にいました。

英語は中学生のときから得意で、とくに中3で高松宮杯の英語弁論大会に出たのが大きな意味を持っていました。毎日、校宅にお住まいの柳原馨《かおる》という日系二世の女性に指導してもらっていました。発音は彼女から、プレゼンは彼女の旦那さまで、チャプレンの柳原光先生（神学科教授）から教えてもらいました。結局、東京大会は通過したのですが、関東大会で負けてしまい、全国大会へは進めなかったのですが、とても大きな自信になりました。

とはいうものの、高2になったころ、大学に行くと受験勉強をしてきた連中と一緒になるな、そうなると、基礎文法はともかく、特殊構文とか語彙とかではかなわなくなる可能性がある、そうであれば「受験勉強」をしようと決め、「大学受験ラジオ講座」を聴き、豆単（赤尾好夫編『英語基本単語熟語集』旺文社）を覚え、山貞（山崎貞著『新自修英文典』研究社）を読み、などということをしていました。

大学へ進んでみると、まわりの連中の英語力は大したことはなく、安堵したのですが、でもまだ「フワッと」感は得られていませんでした。

大学3年のとき、毎日杯全国英語弁論大会で「英語教育改革（もっと実用英語を！）」を訴えたスピーチをし、2位になりました。1位は聖心女子大の帰国子女で、とても悔しい思いをしました。ただ、このとき、英語で話をするときの「コツ」のようなものを感じ取ることができました。これが最初の「フワッと」感です。

それでも英文を読むという点ではまだまだ自信がなかったのですが、教育大（東京教育大学）に学士編入し、英語漬けになっている過程で、「オッ！」という感じがありました。大学院修士の1年の頃だと思います。それが二度目の「フワッと」感です。ちなみに、立教から教育大に移るとき、大学院を直接狙う（まあ、無理だったでしょうけれど）のではなく、学士編入したことがとても大きかったと思います。英語学や英語文学の基礎をきっちりと学ぶことができました。

とはいえ、言語学についてはまだまだ自信がなく、同級生の後をよちよち歩きでついていくという感じでした。ただ、英語の運用能力がついていたことが大きな財産で、フィールドワークのときにはことに役立ちました。

MIT（マサチューセッツ工科大学）に行こうと思い、日本学術振興会の奨学金をもらえたのも、MITから合格通知をもらえたのも、いわばその英語運用能力のおかげのようなものです。ですから、まだ「フワッと」感は味わっていません。

それがとうとうやってきたのが、MITの2年目から4年目にかけてのことです。二段階でやってきました。2年目に、チョムスキー（Noam Chomsky）の僚友のモリス・ハレという先生に音韻論・形態論のワークショップで指導してもらいました。「連濁」

をテーマにしたのですが、モリスはまあ、ほめ上手。「すばらしい！」「そんなことを考えた人はいままでいない！」「もう一工夫で凄い研究になる！」などと言われ続け、木に登ってしまいました。言語学で初めての「フワッと」感です。

仕上げは博士論文で、チョムスキーをはじめ、コミティー全員からいろいろな知識と技術を授けられ、ほめ上げられ、言語学で二度目の「フワッと」感を味わいました。わたくしのコミティーのメンバーは４人組と一緒で、一人ひとり専門が違います。言語理論（チョムスキー）、発達心理学（スーザン・ケアリー）、言語心理学（トム・ローパー）、認知科学（ダン・オシャーソン）という顔ぶれで、このとき味わった「フワッと」感は４人組の誕生にもつながっているように（今考えると）思います。

こう振り返ってみると、「フワッと」感の裏には不断の努力があることが分かります。ただ、努力すれば必ず「フワッと」感が味わえるというものではないようです。

なんだかよく分からないハードル（閾値《いきち》）があって、それを越えるまではなんら進歩がないように感じられるのですが、着々と「フワッと」感に近づいている。そして、ある日、そのハードルを越えたところで突然、「フワッと」感がやってくる。こんなシナリオではないでしょうか。

「あきらめないで努力すれば必ずその努力は報われる」というのは本当だと思います。

鳥飼玖美子の例

大津さんの体験と似ていて違うのは、英語スピーチコンテスト。私は高校時代、「チャーチル杯」というスピーチコンテストに出場したことがあります。私のテーマは「男女同権」。関東大会では優勝しましたけど、全国大会では入賞せず、悔し泣き。何がダメだったのか、いまだに謎です。それで結果に納得できなくて、悔しい思いをしながらも「フワッと感」を体験した大津さんとは違って、私はスピーチが嫌いになっちゃった。

それでも全英連（全国英語教育研究団体連合会）から依頼されて「全国高等学校英語スピーチコンテスト」の立ち上げを手伝い、この15年間、審査委員長をつとめています。英語教育学や異文化コミュニケーション学の知見をもとに審査基準を作ったり、受賞できなかった生徒に対して励ましの言葉をかけようと心がけているのは、高校時代の挫折経験が根っこにあるからかもしれません。

大津さんが博士論文に言及していたので、思い出したことがあります。英語を読んだり書いたりの「フワッと感」は、博士論文を英語で書いて体験しているんです。

私の研究は、戦後日本の外交を担った同時通訳者のオーラル・ヒストリーだったので、実験やフィールドワーク（現地調査）ではなく、ある時代の歴史を当事者の語りを通して分析します。そのため、多量の学術書や研究論文などの文献や資料を読み込みました。

必要な情報を探しての速読や、ここぞという箇所は何度も丹念に読む精読もしたし、日本語で書き起こしたインタビュー・データを英語に訳す作業もありました。英語を読んで英語で書くことを続けたら、博士論文を提出した頃には、英語の読み書きについて、それまでになかったような「フワッと浮く」感じがありました。

その後、博士論文を海外の出版社から刊行したときに、編集者から「論文調を減らして一般の読者でも読みやすい英文にして」と注文されました。仕方なく自分で書いた英語を書き直す体験もして、学術研究で使う英語とふつうの英語との違いも意識するようになって別の「フワッと」感を得た気がします。

皆さんも、この「フワッと浮き上がるような感じ」を味わうまで、諦めずに英語学習を続けてみてください！

言語と思考

Q　英語を勉強することで言葉に敏感になり、思考も深くなったりするのでしょうか。

A　外国語を勉強すると、母語との違いに気づくようになって、言語に対する感性が鋭くなります。英語という外国語を学ぶことで、日本語を相対化できるし、それは日本語を母語として使っている自分自身を客観的に見るようになることでもある。それこそが、英語を学ぶ意義だと考えることもできるくらいです。

思考との関連でいうと、そもそも言語と思考は切り離せないもので、言語は思考に影響を与える、あるいは言語によって思考が形成される、という学説もあります。

人間は、言葉でものを考えます。その場合の言語とは、ふつうは母語です。母語が大切なのは、人間の思考の源だからです。だからこそ、母語使用は基本的人権と考えられているわけです。

母語以外の言語を学ぶことが、どのように思考に影響を与えるかは、バイリンガル研究が参考になります。アメリカやカナダなど北米に移り住んだ児童（日本人を含む）の英語力を調査した結果では、子どもは、日常会話はすぐにできるようになるけれど、教科学習に必要なアカデミック言語の習得には5年から7年くらいかかる。興味深いことに、母語がある程度完成してから現地の学校で学んだ児童のほうが、アカデミック言語を早く習得するという結果が出ているのです。

その理由としてあげられているのが、子どもの第二言語（たとえば英語）能力は、第一言語（母語）で獲得した言語能力に依存しているから、という説です。

思考力には母語が決定的な役割を果たすのでしょうが、では、外国語は要らないかといえば、そんなことはない。母語を相対化する意味で外国語学習は大事だし、言語に対する感性が磨かれます。母語と外国語には共有している基盤があるとの説に従えば、外国語学習で得たことが母語に転移されるかもしれません。

ご質問は、外国語の中でも英語に特化したお尋ねでしたね。

どういう英語をどのように勉強するかにもよりますけど、たくさん読んで書いてみると英語と日本語の溝（gap）に気づくので、言葉の違いに敏感になります。

ただし、棒読みで、内容を無視して音読するのが思考になるかは疑問。英会話の定型表現や慣用句も、何も考えないで丸暗記するだけでは思考に結びつかないでしょう。

けれど、英語ではなぜこういう言い方になるんだろう、どういうときにこの表現を使うのかな、などと考えたり調べたりしているうちに思考は深まります。

それに、英語を含めてさまざまな外国語を学ぶことで、日本語とは違う言語の世界を垣間見て、日本語文化との違いに気づくというのは、自他を知ることになり、大きな意味があります。

スペイン語と英語を勉強して、日本語との違いを学んでいるのがラランドです。

ラランドの例

ラランドは、サーヤこと門倉早《さ》彩《あや》さんとニシダこと西田亘輝《こうき》さんが、上智大学外国語学部イスパニア語学科時代に結成したお笑いコンビ。私も同じイスパニア語学科卒なので、二人は私の後輩にあたります。

それでお二人と初めて会った際、スペイン語で挨拶《あいさつ》したら、ちゃんとスペイン語で返してくれました。でも英語の勉強もずっと続けているそうで、それぞれの学習法を「つぶやき英語」で紹介してくれました。

西田さんは、日本文学を英語で読むことを習慣にしているそうです。例としてあげたのが川端康成の『雪国』。「国境の長いトンネルを抜けると雪国であった。」という書き出しが有名です。

さて、この書き出しで何か気づくことがありますか？　そうです、主語がないのです。日本語の文学としてはこれで成立しますけれど、英語は原則として主語が必要です。

翻訳を通して世界に日本の文学を紹介したエドワード・G・サイデンステッカーによる訳では、この部分は、The train came out of the long tunnel into the snow country. という英文です。主語が「列車」になっているのです。

でも、これが唯一の正解かどうかは分かりません。主語は、著者もしくは列車に乗っている主人公だ、と解釈して、「私」にすることもありえます。翻訳者によって訳出は違ってきます。どこまで原文に忠実な訳にするか、それとも読者にとって違和感のない訳を選んで原文から離れるか、の選択こそが翻訳の難しさであり、異なる言語の間に横たわる文化の溝を浮き上がらせます。

西田さんは、どうやらその「言語文化の溝」に気づいたようで、2つの言語を比較することが面白いし、英語の文化と日本の文化の違いも学べる、と語りました。

一方の門倉さんは、英語の雑誌を読んで、世界情勢や海外の情報も取り入れながら英語の勉強をしているとのこと。

二人とも、いずれ英語を生かした活動もしたいと考えているようです。そのために、日々努力を続けているのだと思います。

英語に再挑戦

Q 大人になって英語の勉強を再開する場合、自分の言いたいことが言えるようになるのに何年くらいかかりますか。

A 外国語である以上、学ぶのに長い年月がかかるのは当然だし、1年くらいで自分の言いたいことが言えるようになるなどと期待しないほうがいい。とはいえ、何か緊急に成果を上げる必要が出てきて、それが自分にとって重要なことなら、言われなくても自分で努力し始めることになるでしょう。

だから何年かかれば英語で言いたいことを言えるようになるかは、あなた次第です、ということになりますかね。

ちなみに対話型ＡＩのＣｈａｔＧＰＴに「英語を流暢に話せるようになるにはどうし

たらよいですか？」と英語で相談してみたら、It takes time and effort.（英語学習には時間と努力を要します）と、至極まっとうな答え。確かに、その通り！

そもそも母語である日本語だって、大学生は就職活動を始めてから、慌てて正しい日本語を学ぼうとするくらい。いつも「スゲー」「カッケー」「めっちゃイイ」といった言葉遣いをしているのに、急に改まった話し方にしろと言われても、難しい。母語でさえ、きちんとした話し方で志望動機や抱負を語るとなったら、練習が必要だったりするわけです。

まして外国語は、文化や習慣などが違うわけですから、時間がかかって当たり前。とくに日本語と英語は、文法も違えば、文章の組み立ても異なるし、母音・子音など発音が違い、強弱のリズムの有無、発想や論理、コミュニケーションのとり方など、よくもこれだけ違う！　とため息をつきたくなるくらい異なります。

アメリカ政府の国務省には外国語教育を実施する部門があって、外交官などの連邦政府職員を対象に、65前後の言語と文化の訓練を提供しています。難易度に応じて各言語を4種類に分類し、仕事で使えるレベルの読む力、話す力を習得するまでに要するおよその時間を提示しています。

カテゴリーⅠは、「英語と近い関係にある」「英語と似ている」言語で、習得に要するのは24〜30週、合計で６００〜７５０授業時間。その中で、オランダ語、フランス語、イタリア語、スペイン語、スウェーデン語、デンマーク語などは24週が目安です。

カテゴリーⅡは、ドイツ語、インドネシア語、スワヒリ語などで、36週、９００時間。やや時間がかかる。

カテゴリーⅢはトルコ語、タイ語、ビルマ語、ヒンディ語、ヘブライ語、ペルシャ語、タガログ語、チェコ語、ロシア語、ウクライナ語など多くの言語が含まれていて、44週、１１００授業時間。「英語とは言語的・文化的違いが相当に大きい」「難しい言語」(Hard languages) と説明されています。

カテゴリーⅣは、「超難しい言語」(Super-hard languages) で、「英語母語話者には並外れて難しい」(exceptionally difficult for native English speakers) と

されていて、アラビア語、中国語（北京語、広東語）、日本語、韓国語が該当します。習得に必要な時間は88週、2200授業時間です。うわ、ダントツに時間がかかる。

英語を母語とする大人にとって日本語が「並外れて難しい」ということなら、逆に考えると、日本語を母語とする日本人が英語を学ぶのは「超ムズカシイ」ことになりますよね。

しかも日本で英語を勉強する学習者は、学校でもたかだか週4時間程度の授業。夏休み・冬休みや祭日、試験期間や行事もあるから、正味の授業時間数は減ってしまう。小・中・高・大学を合わせても、2200授業時間にはならない。そもそもの授業時間が少ない上に、学校では他教科も勉強するし、部活もある。社会人にいたっては、仕事をしながら合間にやるしかないわけです。

それにしては日本人、頑張ってるな、と思いません？

外国語学習に王道はないし、近道もありません。文化が違うのだから時間がかかってもしょうがないんだ、と悠長に構えるしかない。到達点は、見えるようで見えない。どこが頂上なのか見えないのは心理的にきついけど、その代わり、いつまでに登り終えなければならないという時間制限はない。だから焦らなくていい。ゆっくり景色を楽しみながら歩いて行きましょう。

しかも英語は、日本語とはかけ離れた外国語です。苦労はあります。でも、だからこそ、英語は学び続ける価値があると私は思うのです。未知の山を登るみたいな体験ができる。山道は険しいけれど、諦めずに自力で歩ける道を探せば、新たな地平が開け、景色がどんどん広がっていく。周囲の木々や花や空を楽しみながら進めば、さらに素晴らしい風景が見えてくる。生涯にわたって学ぶに値するのが、外国語です。

自分に合った勉強法を見つけて、楽しみながら、英語を生涯の友としたらどうでしょう。

英語ネイティブ信仰

Q **なぜ日本人は、英語のネイティブ・スピーカーに憧れ、「ネイティブみたいな英語を話したい」と思うのでしょうか。**

A **どうしてなのでしょうね。私が聞きたいくらいです。**

日本人がネイティブ・スピーカーに憧れを抱くのは、もしかしてコンプレックスから来ているのでしょうか。

コンプレックスの原因は、古くは幕末ですかね。嘉《か》永《えい》6年6月3日（1853年7月8日）、軍艦4隻が浦賀に突如現れて大騒ぎになった「黒船」ショック。

東インド艦隊司令長官ペリー提督は、開国を要求するアメリカ大統領からの国書を幕府に手渡して、いったん引き上げますが、翌年には軍艦9隻を率いて再訪し、今度は横浜まで入ってきて、国書への回答を要求します。日本の大砲では防戦できないことは明らかで、幕府はなす術《すべ》もなく右往左往《うおうさおう》します。

ペリーとの交渉は、幕府の直轄地である長崎で通訳業務を担っていた通詞の中で、英語を学んだことのある堀達之助と森山栄之助が通訳したのですが、専門はオランダ語ですから四苦八苦します。堀達之助が黒船に向けて発した第一声は“I can speak Dutch.”（オランダ語を話せます）でした（詳しくは『よくわかる翻訳通訳学』［２０１３年、ミネルヴァ書房］を参照してください）。

黒船来航を目撃した人は多くて、瞬く間に日本中に伝わったようです。テレビもインターネットもない時代に、どうやって伝わったのか不思議です。ペリー提督一行を市民が群がって見ている光景も絵画に残っています（随行画家ハイネ作とされる「ペルリ提督横浜上陸の図」横浜美術館所蔵）。

ともかくアメリカは強そうで日本はかなわない、これからは英語だ、と多くの日本人が感じたようです。当時の状況は島崎藤村の小説『夜明け前』にも描写されていて、木曽の山奥でさえ英語を学ぶことが流行《はや》り始めたとあります。

第二次世界大戦で日本が負けて、連合軍が日本に進駐したこともコンプレックスに影響していますかね。昭和天皇は厚木でマッカーサー元帥《げんすい》を出迎えたのですが、大柄なマッカーサーが天皇陛下の横でパイプを手に偉そうに立っている写真は、当時の日本人にとっては屈辱だったでしょう。

戦時中、天皇陛下は神とされ、日本人兵士は天皇陛下のために戦ったので、アメリカはあえてこんな写真を流したのでしょうけれど、マッカーサーも進駐軍の要職にある人たちも、昭和天皇の人格を知ってからは尊敬の念を抱くようになったとのことです。

敗戦で何もかも失ったふつうの日本人にとって大きかったのは、進駐軍が戦後の復興援助とともに、アメリカの食品やジャズなどの文化を持ち込んだこと。戦勝国なのに気さくなアメリカ人と彼らの話す英語への興味が一挙に湧き上がったようです。

敗戦の1カ月後には『日米會話《かいわ》手帳』が発売になって、たちまちベストセラーになったし、「カムカム英語」として知られるラジオ講座も始まって大人気だった様子が、ＮＨＫの朝の連続テレビ小説「カムカムエヴリバディ」（２０２１年度）で描かれていました。

食べるものにもことかく日本人が英会話の勉強を始めた、あるいは再開したのは、英語ができれば仕事を得られる、生きていかれるということもあったでしょうが、日本人には、苦境から立ち上がる強さがあるのですね。英語でいうならresilience（はねかえす弾力性のある、しなやかな強靭《きょうじん》さ）。

そういう、しなやかな強さと旺盛な好奇心で敗戦を乗り切った日本人ですけど、同時に、敗戦国日本と比べて余裕綽々《しゃくしゃく》で、豊かなアメリカという大国に対するコンプレックスが沁《し》みついちゃったのですかね。

他の国々を考えると、同じ敗戦国のドイツやイタリアに、アメリカや英語ネイティブに対する憧れなどない。

アジアはいろいろな国があってそれぞれ歴史が違うので、隣国に絞るとして、韓国はどうなのでしょう。親米ですし、英語ができると就職で有利、財閥の子弟は米国留学が多いという印象がありますが、やっぱり英語への憧れはあるのでしょうか。

中国はどうでしょう。もはや大国ですからアメリカに対してまったく妥協しないし、英語や英語母語話者に憧れを抱いている感じはないですね。経済面で英語は必要だし、実利的な価値があるから勉強するけれど、公式の場では通訳者や翻訳者が活躍します。だから中国では各地に大学院の通訳翻訳コースが次々と設置されていて、日本を含め、海外から専門家を招いて教育と研究を推進しています。

私の教え子も北京で、日本語―中国語の通訳の理論と実践を教えています。学部生も院生も優秀だし、日本の大学のように雑務に追われることなく研究に専念できるのが助かる、とのことです。

通訳翻訳を専門とする国際学会が上海で開催されたときは、中国国内だけでも２０００人を超す代表が集まって、海外からの参加者が圧倒されたくらい。各言語の同時通訳者も用意されていて、通訳翻訳研究が盛んなのに驚きました。

日本は、それと反対ですね。通訳翻訳を重視するどころか、国をあげて、ともかく英語を話せるようにならねばと必死になっている。

大学生のグチを聞いたことがあります。「私も英語ネイティブに生まれたかった。アメリカ人がうらやましい」

びっくりして「アメリカで生まれた人が英語を話せるのは、母語なんだから当たり前でしょ。あなたも日本で生まれて日本語が話せるじゃない。どうしてアメリカ人がうらやましいの？」と聞いてみたら、「日本語ができても海外で通じないし、苦労しないで英語をしゃべれるのはうらやましい」。

通訳者の存在など眼中になく、ともかく英語を話せないとダメだと思い込んでいるから、アメリカ人のような英語ネイティブになりたい、と思いつめちゃうのでしょうね。

アメリカで生活していても英語ネイティブでない人はいくらでもいるし、英語が母語であっても、その英語はピンからキリなんですけどね。

ネイティブ信仰の強い方にあえてお知らせしたいことがあります。世界の外国語教育の新たな潮流は、ネイティブみたいな流暢さを目指す必要はない、なのです。

どんな外国語であっても母語話者を目指す必要はないし、ネイティブを基準にする必要もない。そこで、欧州評議会（Council of Europe）のＣＥＦＲ（欧州言語共通参照枠）も増補版では、native speaker という用語をすべて一掃しました。

とりわけ英語は、「国際共通語」です。もはやネイティブの真似をする時代は終わったことを、次の項で説明します。

国際共通語としての英語

Q 「国際共通語としての英語」とは、どんなものですか。ネイティブの英語と「国際共通語」としての英語は、どう違いますか。

A 「国際共通語としての英語」とは、国際的に英語が共通語として機能していることを指しています。

歴史を振り返っても、ラテン語やフランス語などが世界の共通語（lingua franca）として使われていました。今は国際共通語が英語であるからこそ、日本でも、グローバル人材に英語力は欠かせない、と懸命です。

ここで釘を刺しておきたいのですけど、共通語となるのは、ある言語が使われている国や地域が支配力を握るからで、言語に優劣はありません。

どういうことか、ちょっと長くなりますけど、説明させてください。

ある会議の席で、東南アジア出身の方が発言しました。

「いつも不思議に思うんです。アジアではたいていの国で英語がしゃべれるのに、なぜ日本人は英語がダメなんでしょう」

それに対して答えるとしたら、「それは日本がイギリスの植民地にならなかったから」。ご存じのように、帝国主義の時代は多くの国が植民地になった歴史があります。

イングランドは、古くはスコットランド、アイルランド、ウェールズを征服して大英帝国となり、アメリカ、カナダ、オーストラリア、ニュージーランドなども領土としていました。アジアではインド、ミャンマー、マレーシア、シンガポールなどが植民地でした。旧植民地は独立していますが、英連邦は１９３１年以降、the Commonwealth (of Nations) となり、２０２３年現在、56カ国が加盟しています。

植民地となった国では、宗主国（イギリス、オランダ、フランス、日本など）の言語を使わざるを得ない状況でした。

インドは独立後、ヒンディー語を公用語としましたが、憲法で公認されている州の言語が他に21あり、各州が定めた公用語もあります。多民族で多くの地域語がある多言語国家ですから、共通語として使うのが便利ということもあるのでしょう、英語は準公用語とされています。インドがどれだけ多様な言語と文化を有しているかは、“RRR”（2022年）などのインド映画を観ると分かります。

フィリピンでは、かつて宗主国であったスペインの影響でスペイン語が現地のタガログ語に入り込んでいますし、アメリカの植民地であったことから、高学歴層は公式の場では英語を使うことが多いようです。

第二次世界大戦中は日本軍の支配下におかれましたが、今では、日本からの英語学習者がセブ島に語学研修に出かけたり、オンライン英語学習サイトで英会話を練習したり、日本で実施されたスピーキングテストの採点がフィリピンで行われたりしました。

アジアの中で、タイと日本は、植民地になった経験がありません。ですから、宗主国の言語を強いられたという哀しい過去はない。日本では日本語が国語としてずっと使われていて、教育も日本語で行っている。日本人が英語をあまり話せないのは、そうした歴史的経緯も影響しています。

その一方で、日本も、明治時代から１９４５年の敗戦まで、大日本帝国として台湾、朝鮮半島、南満洲、南樺太など、一時期はビルマ（現在のミャンマー）も統治し、それらの地域の言語や固有の名前を奪ったという歴史があります。日本人は母語を剥奪《はくだつ》された経験はないけれど、他国の言語を奪った経験はあるわけです。

ヨーロッパでの国際会議で、イタリアの研究者が私に語ったことがあります。「言葉を奪われた側は、そのことを忘れない。奪ったほうはすぐに忘れちゃうけど」。領土をめぐる戦争で勝った側の言語が優位になって、負けたほうは自分の言語を奪われるという歴史を繰り返してきたヨーロッパ。そういう経験にさらされてきた人たちの言語に対する意識が鋭いのは当然かもしれませんけど、母語を失ったことのない日本人と比べると、その差は顕著です。「奪われたほうは忘れないんだよ」という言葉は忘れられません。

さて、国際共通語の話に戻りますね。

西欧では、第一次世界大戦終結まではフランス語が外交語でしたけど、パリ講和会議で英米が英語使用を主張したため、フランス語―英語間の通訳者が入ることになり、フランス語の覇権《はけん》が英語に移る契機となりました。大英帝国が世界を主導し、アメリカが国力をつけたからです。その後、インターネットの発達で、英語が普遍的になりました。

国力に伴う言語の覇権は永久ではなく、国際的な力関係の動きによって変化するのが歴史で証明されているので、いつまでも英語が共通語であるかどうかは不明です。でも、現在の国際共通語が英語であることは周知の通りです。

ところが、英語が国際共通語として使われると、英語のネイティブ・スピーカーは生まれながらにして特権的立場を得ることになります。英語母語話者は外国語を学ぶ必要がなくて、誰もが自分の母語で話してくれる。これって、すごい特権ですよね。

反対に、私たち日本人のように英語が母語でない人間は損をする。何語を話すかで格差が生まれる。英語ができれば権力を得るから、これは「英語格差」(English Divide)と呼ばれます。英語話者によって支配される世界はかつての帝国主義時代のようだと考え、「英語帝国主義」だと問題視することもあります。

そういう中で、「世界の英語たち（World Englishes）」という考え方が出てきました。英語は国際共通語なのだから、もはや英語ネイティブ・スピーカーだけのものではない、世界中の人たちのものだ、だから英語母語話者を目指す必要はない。自分の英語で話せばいいんだから、多様な英語があっていい、という主張なので、ふつうなら複数にしない English を複数形にして Englishes としたのです。

「世界の英語たち」を提唱した言語学者カチュル（Braj Kachru インド系アメリカ人）は、同心円で説明しました。円の真ん中（Inner Circle 内円）は、英語が母語として使われている社会。その外側（Outer Circle）は、英語圏の植民地となった歴史があるなどで英語を第二言語として使う社会。最も外側に置かれた拡大円（Expanding Circle）が、外国語として英語を使う社会で、日本、韓国、中国もここに入ります。

英語を第二言語や外国語として使う人数は、英語母語話者の数倍を超える、とされています。

同心円の真ん中に英語母語話者を置くのは、やっぱり英語ネイティブが中心だ、と誤解されかねないという批判が出て、その後、カチュルは同心円を崩して、英語母語話者が中心にならない図に修正しました。

この思想は画期的で、世界に衝撃を与えました。まさに目からウロコです。そうなんだ、人数からして、英語母語話者の何倍もの人間が英語を使っているんだから、みんなMy English でいいんだ！「ネイティブはこう言う」じゃなくて、自分の英語で堂々としゃべればいいんだ、とネイティブ規範から解放されて、自由になったのです。

ただし、そうなると、自分流の英語が行き交って、時に理解できないこともあったりするし、そうなると、共通語として機能しなくなるかもしれない、という危惧があります。

そこで登場したのが、「共通語としての英語（ELF＝English as a Lingua Franca）」とはどういう英語かの研究です。

共通語として機能するには、何が必要なのかを音韻（発音）や文法の面から調査・研究して、英語の「核（core）」を見つけようとしています。そうすれば、共通語としての「コア」を英語教育に使えて、あれもこれも教えなくてすむし、ネイティブの真似をしなくてもすむわけです。ウィーン大学とオックスフォード大学出版局が共同研究していて、英語を第二言語や外国語として使っている人たちのデータを集めているのですが、なかなか難しい作業のようで、教育に応用できるまでにはいたっていないようです。

それでも、共通語としての英語を研究する中から生まれた成果として、英語を判断する際の基準に使われる「分かりやすさ」(intelligibility) があります。

英語ネイティブみたいか、なんて基準ではなくて、お互いにとって「分かりやすい英語」かどうか、が決め手になるのです。英語の intelligible、intelligibility とは、聞いたり読んだりした人にとって理解できる明瞭さがあるかどうか、つまり「分かりやすい」ことです。

「世界の英語たち」の時代であるなら、英語母語話者も相手に対して「分かりやすい英語」を話す責任があります。会話や対話は、双方が努力して歩み寄るものなのですから。

第2章
英語を話す

第2章では、多くの日本人が苦手意識を抱いている（ように見える）「英語を話すこと」に焦点を当ててお話ししてみます。

定型表現とコンテクスト

Q

英会話の定型文を覚えてもなかなか使えないのは、同じ文脈で会話することがあまりないからでしょうか。

A

英語の教科書で習った定型表現を覚えても役に立たなかった、という経験を語る方は多いですね。英会話本に出ている表現を使ってみたけど伝わった感じがしなかった、発音が悪かったのかなぁ、などと悩む人もいます。

定型表現、つまり決まり文句は知っておくべきですが、実際には使えないこともあれば、使っても不発に終わることもある。「同じ文脈で会話することがあまりないからでしょうか」という質問は、的を射ています。会話は生きているので、完全に同じコンテクスト（文脈）で生起するということは、まずないでしょう。

質問にあった「文脈」という日本語でもよいのですが、コミュニケーションにおいては、その場の状況などの「状況コンテクスト」と、対話者それぞれの文化的背景などの「文化的コンテクスト」、そして社会的アイデンティティなども含むので、あえて英語を使って「コンテクスト」（context）と呼びます。

「状況コンテクスト」とは、どのような場面で、どういう相手と会話しているかを指しています。レストランで食事中にしゃべっているのか、会社での会議なのか、学校の授業なのかによって単語や語句の使い方が違ってくるし、相手が親しい友だち同士なのか、上司と部下なのか、先生と生徒なのか、会話している二人の人間関係で表現は違ってきます。

違う文化を背景にした人との会話は、「文化的コンテクスト」に囲まれています。会話の運び方や表現の選び方などの暗黙の了解が文化によって違うので、誤解が生まれたりもします。一つの定型表現を使うにも、コンテクストは一つとは限らないので、会話をするって、単純ではないのですよね。


コンテクストがどれだけ大きな役割を果たすかの例を、漫才で見てみましょう。

私が初めてお笑いのライブに行ったのは「タイタンライブ」（2023年4月21日）でした。16組のトリで出演した漫才コンビ「爆笑問題」がお目当てでした。

太田光さんと田中裕二さんは、ダライ・ラマ法王14世や岸田文雄首相、J－POPや映画「ザ・スーパーマリオブラザーズ・ムービー」など幅広い時事ネタを展開した中で、野球のWBCと大谷翔平選手も取り上げました。

大谷選手は人間性も非の打ちどころがないと絶賛したうえで、WBCの日米決勝戦前に大谷選手が侍ジャパンのメンバーに対して「今は（メジャーリーグの有名選手への）憧れを捨てましょう」と語りかけたことに感動したと田中さんが言うと、太田さんが受けて「それを聞いて、メンバーが『おい、ダルビッシュ、ジュースを買ってこい』と言ったらしい」。

これで、会場は爆笑の渦となりました。

このボケは聴衆がコンテクストを共有しているから可笑《おか》しいわけで、目上や年上に対して「買ってこい」とは言わない、という言語文化的なコンテクストを知らないＡＩが英訳しても、笑えるかどうか。

「爆笑問題」と聴衆が共有していたコンテクストには、文化的コンテクスト以外にも、３つの状況コンテクストがあります。

まず、ＷＢＣでの日本チームの活躍に日本中が熱狂したこと。ふだんは野球の中継を観ないような人たちも、アメリカチームと対決した決勝戦はテレビにかじりつきました（私もその一人）。次に、その決勝戦を控えて大谷選手が「憧れを捨てましょう」とチームメイトを鼓舞した話はマスコミで広く伝えられ、多くの日本人が感動した。３番目に、ダルビッシュ有選手は日本のプロ野球からメジャーリーグに移籍して活躍している大物選手で、日本選手の憧れの対象だということがある。

これらのコンテクストを共有しているから、「ダルビッシュ、ジュースを買ってこい」がありえない話で、聴衆は思わず吹き出した。

「笑い」というのはコンテクストが大きく影響する高度な言語活動ですが、実はごくふつうの会話でも、コンテクストは鍵となるのです。

英語で会話していて、英語話者が皆で笑っているのに、何が可笑しいのか分からないのは、コンテクストを共有していないからで、英語力の問題だけとは限りません。

同じ言語を話していても、仲間内でしか通じない冗談は、コンテクストを共有していない人たちには意味不明で、疎外感を味わうことになります。

付け加えると、言語コミュニケーションにおけるコンテクストとは固定されたものではなく、変化します。対話をしながら新たなコンテクストが生成される動的なものがコンテクストなのです。だから、定型表現を覚えただけでは意思疎通ができないことが起こるわけです。

最近の異文化コミュニケーション研究では、コンテクストを自分で意識的に移動させることで、認知の枠組みを自分自身で変えることが提案されています。

相手のコンテクストに自身を移動させてみることで、相手の気持ちや立場や主張に共感を抱けるようになる。これが「コンテクスト・シフティング」(context shifting)という考え方です。

これを文化の異なる人間同士のコミュニケーションで行うことは「異文化間の共感」につながると考えられます。お互いが実践して相互に共感できるようになれば、社会で文化多様性の実現が可能になるわけです。

共感が果たして可能なのか、という意見もありますし、相手の身になって考えるというのは容易《たやす》いことではないのですが、そのための研修方法が模索されています。

さて、英語での対話に潜むコンテクストの問題を説明しましたけど、どうでしたか？

うーん、コンテクストか。定型表現を丸暗記しただけじゃ使えないって、難しいな。

そんなに複雑ならどうしたらいいんだ？　と落ち込まないでください。

どういうコンテクストで、どのような表現が適切かを学ぶには、映画やドラマ、リアリティショーなど、映像作品がおおいに役立つ、という話を次にします。

海外のドラマと映画

Q 海外の映画やドラマを観るのは、会話の練習に役立ちますか。映画やドラマを英語学習に役立てるコツがあれば、教えてください。

A 映画やドラマは映像の力で、その場の状況や人間関係などのコンテクストをしっかり把握させてくれます。

特定のコンテクストの中で、嬉しいときや悲しいときなど心の動きに合わせて、どんな表現で感情を伝えるのか、加えて英語はほめ言葉が豊富で、それらを日常的に駆使するなどの特徴も、具体的に分かります。

セリフから「こういうときには、こういう言い方でほめるのか」「こういう相手の場合は、こんな風に励ますのか」など、まさに生きた実例に触れることができるから、「話す」力を身につけるための恰好の教材ですよね。

最近は世界各国の映像作品が配信されています。さまざまな人種や民族、宗教、ジェンダーや階層の違う人々が登場し、社会的な背景やアイデンティティが明確に提示されていて、異文化コミュニケーションを学ぶには最適です。それで映画やドラマを事例に使った『異文化コミュニケーション学』(岩波新書)という本を書いちゃったほどです。

日本の我が家にいながらアジア、北米、中南米、西欧、東欧、中東、アフリカなど世界の映像作品を楽しめるので、知らない言語の作品を観る機会も増えています。でも、英語字幕に設定しておけば、英語で楽しめます。読みとれなかったら、一時停止したり巻き戻してもう一度その場面を見れば、理解できるようになる。

もちろん英語圏の作品なら、音声を英語で聴きながら英語字幕で確認できるわけです。英語を習得したいのだったら、日本語字幕ではなく、英語字幕にすれば、確実に力がつきます。

こがけんさんの例

映画を英語学習に上手に取り入れているのが、お笑いユニット「おいでやすこが」でボケを担当している〝こがけん〟こと古賀憲太郎さん。こがけんさんは、ハリウッド映画の登場人物に扮し、マニアにしか分からないくらいのモノマネまで持ちネタにしています。

もともと映画が好きで、1年に100本以上は洋画を観るとか。そして英語のセリフを頭にたたき込み、お笑いのネタにしているのです。「太田光のつぶやき英語」での実演はあまりに可笑しくて、椅子から転げ落ちそうになるくらい抱腹絶倒。

こがけんさんはふだん、英語字幕で映画を観るようにしているそうです。日本語字幕しか出ない場合は、英語を聞き取ってメモを取る。録画や動画配信を利用すれば、一時停止や巻き戻しが可能なので、分からなかった箇所や気になるセリフを繰り返し聴くとか。

映画とお笑いという2つの好きなものが合体して、独自のネタができたのでしょう。まさに「好きこそものの上手なれ」のお手本です。

こがけんさんと同じく、私も「映画やドラマを観ながらのメモ」を続けているんです。

「へぇ！　この単語を、こんなふうに使ってる！」と気づいて、vulnerableという言葉をメモしたこともありましたっけ。この単語は「傷つきやすい、弱い」という意味の形容詞ですから、どちらかというと否定的なニュアンスです。ところが、一般の人たちが登場する米国テレビのリアリティショーで、最近よくこの言葉が使われるんです。しかも必ずしも悪い意味で言っている感じがしない。

そこで、いろいろな映画やドラマでチェックしてみると、「強がらずに正直に自分をさらけだす」という意味で使っているんです。今どきの日本語で言えば「弱いところ、ダサい部分も含めて素の自分をさらけだす」ということでしょうか。

「正直になって、心を開いて、弱点をさらけだす」(honest, open and vulnerable)とカウンセリングの場面で使われている例もありました。つまり「相手に心を開いて自分の弱点を見せるのは、勇気があって、むしろよいこと」といった前提で使われている。これは、２０１２年にアメリカで出版された本の影響もあるのかもしれません（“Daring Greatly: How the Courage to Be Vulnerable Transforms the Way We Live, Love, Parent and

Lead.” Brené Brown)。

まさに言葉は生きているのですね。

時代によって単語の使われ方や意味が変わっていくという実例は、他にもいろいろ登場します。

「カッコいい」男女のことは、一昔前はcoolだけだったのが、最近は、涼しいとは真逆の暑いhotが使われている。付け加えると、coolは、「うん、それでいいよ」くらいの軽い返事でよく登場します。「冷やす」という意味のchillは、「落ち着け」と言いたいときに使ったり、「まったりする」という感じで使ったりもします。

こういう生きた英語はソーシャルメディアには溢《あふ》れていますけど、SNSはやらないという方々にも、映画やドラマは、楽しく英語を学べる、ゼッタイおすすめの方法です！

海外メディア

Q　海外メディアからの情報を得ることは、英語学習にも役に立ちますか。

A　もちろんです！　日本のメディアだけに頼っていると、どうしても見方が狭くなるし偏りがちです。日本では報道されないニュースも多いので、世界で何が起こっているかを知るには、海外の報道や情報から目が離せません。そのために英語を学んでもいいくらいです。

私がそのことを痛感したのが、２０１１年の東日本大震災のときでした。インターネットで海外のメディアをチェックしてみたら、地震の翌日にはアメリカの専門家が原子力発電所の被害について日本政府の発表とは違う見解を説明していて、次はこうなるはずだから、一刻も早くこちらの方角に避難するべきだ、と注意を喚起していたのです。

結果的にその予想が当たっていたことが後になって判明し、慄然《りつぜん》としました。

また、海外で大きな事件や事故、災害が起きても、犠牲者に日本人がいない場合は、日本ではあまり報道されなかったりします。でも、グローバル化というのはヒト、モノ、カネ、情報が国境を越えて広がることで、日本人がいないから日本に関係ないわけではなく、ジワジワと政治や経済や社会に影響を与える可能性があります。

だから常に世界の動きを追っていたい。そのために便利なのが英語での情報です。英語を「読む」「聞く」力を養えば、海外のメディアからも情報を得られます。それは多角的な視点でものごとを考える助けになるし、自分の利益にもなります。ですから英語を学ぶときは、ぜひ海外メディアにも触れることを習慣にしていただきたい。

日本語でＳＮＳ（Social Networking Service）と呼んでいるのは、英語ではsocial media（ソーシャル・メディア）です。今はＸと名称を変えたＴｗｉｔｔｅｒ、Ｆａｃｅｂｏｏｋ、Ｉｎｓｔａｇｒａｍ、ＴｉｋＴｏｋなどの総称です。

何か起きるとただちに情報が投稿され拡散されるので、今、世界で何が起きているのかがすぐ分かります。

だから若者たちは、新聞は読まず、テレビも見ない。若者に言わせると、新聞は情報が遅いし、新聞社やテレビ局の判断で取り上げるニュースが決まるし、報道したとしても編集されているから都合の悪いことは隠しているに違いない。そのまんま伝えてくれるSNSのほうがいい。

本当にそうなの？　と半信半疑ながらX（旧Twitter）やFacebookを始めてみたら、若者の言い分も理解できるようになりました。

確かに既存メディアに比べてソーシャルメディアは圧倒的に速い。しかも動画つきの投稿が多い。YouTubeで記者会見を見ることも可能だし、海外の主要メディアによる詳しい解説を読むこともできる。

ウクライナ戦争についても、戦況がリアルタイムで届く。ゼレンスキー大統領はソーシャルメディアに頻繁に登場して世界に向けて発信するし、ウクライナ各地の市民も破壊された自宅の前で怒りや悲しみをぶつけ、街の様子をカメラで撮影しながら説明する。地下鉄の駅は核攻撃に備えて防空壕になっているのを紹介した動画も投稿されました。

自宅の地下室で避難生活を送りながら、どうやって水を調達し、食事を作ったり、入浴しているか日常生活を披露した動画もありました。

侵略や戦争は人類の歴史に数多《あまた》あったし、従軍記者が前線の様子を伝えることもありましたけれど、ごくふつうの人が自撮りをしながら思いをぶつけ、それが瞬時に世界中に拡散されるということは、これまではなかった。

大国から侵略されている惨状が、ありのまま動画と音声で世界に流れる時代になったわけです。ソーシャルメディアの威力に気づかないわけにはいかない。

ただし、ＳＮＳには留意点がいくつかあります。

一つ目は英語での投稿文の問題。２つ目は投稿内容の問題。

まず、英語学習者にとっての問題は、投稿文の英語がふつうの英語とは違うことです。

たとえば、

（1）略語が非常に多く使われる。BFF (best friend forever), you を単に“y”とする、years が“yrs”になるなど。字数制限があるからでしょうか。

（2）スペルや文法の間違いが多い。英語が母語であっても間違える。急いで打ち込むせいかもしれません。「太田光のつぶやき英語」では、その都度、日本の英語学習者がこの英語を正しいと勘違いするとまずいと考えて、本来はこうなります、と画面で修正し解説を加えたりしています。ただ、ソーシャルメディアのよさは、英語が母語でない人たちも間違いを恐れず自由に投稿できることなので、このくらいの間違いは国際共通語としての英語では許容範囲、と判断することもあります。

（3）あえて文法規則を無視した英語にすることがよくある。

Ｔｗｉｔｔｅｒの創始者ドーシー（Jack Dorsey）が２００６年に投稿した世界初のツイートは、次の通りです。

just setting up my twttr（今、自分のツイッターを設定中）

センテンスの最初は大文字にする規則を破って小文字から始めているし、センテンスの最後はピリオドを打つはずが、何もなし。Ｔｗｉｔｔｅｒもｔｗｔｔｒと略しています。

これまでの英語とは違うツイッター英語を作りたくて、そうしたのかもしれない、などと考えました。という次第ですので、ＳＮＳの投稿では文法規則を無視している英語がかなりあることは知っていてください。

（４）スラングが多発し、これまでとは意味が異なる使い方をすることもある。

病気になった状態を表すsickが、「イケてる」という感じで使われたり、「バカ」という意味のdopeが「カッコいい」になったり。ことばの意味や使い方が時代によって変わることの好例ですけれど、いずれもスラングと考えて、自分で使うことは慎重にしないと、時と場合によっては相手の気分を害して大失敗することもあります。

最後に、最も重要な留意点は、投稿文の質の問題です。

ソーシャルメディアは誰もが投稿できるわけですが、ということは、偽情報（fake news）もありえます。偏った内容や悪質な投稿もあるし、生成ＡＩの登場で画像の真偽を確認することも簡単ではなくなりました。そうなると、情報を得る立場としては、取捨選択する能力が問われます。すべてを鵜呑《うの》みにしないで自分の頭で考え、判断する力、つまりメディア・リテラシーが不可欠です。

新聞は記事を書いた後、（英国の大衆紙は別として）通常は事実関係を確認して印刷するので、配達されるまでに時間がかかってしまう。だから速度ではソーシャルメディアに負けるのですが、校閲など社内のチェック体制が整っているし、解説が充実しているので、SNS情報の取捨選択をする判断材料になります。

それに最近は、新聞社も印刷媒体だけでなくオンライン配信を充実させているし、オンライン記事は紙媒体ほど字数制限がないから読み応えがあります。

海外のニュースは、テレビのBS放送でも視聴することができます。NHK BSでは日本語訳か原語か、音声を選べるようになっています。

英国のBBCをはじめ、アメリカやオーストラリア、シンガポールの英語ニュースを聞くことができるし、スペイン、フランス、ドイツ、中東、韓国、中国、インド、タイなど、世界各地のニュース番組をオリジナル言語で聞いたり、日本語の同時通訳を聞くこともできます。

まずは、そうしたものから始めてみてはいかがでしょうか。

発信能力

Q テレビやラジオの英会話講座を続けていますが、なかなか話せるようになりません。どうしてでしょうか。

A 英会話講座をただ聞いているだけでは、受け身なので、すぐに会話でやりとりできるようにならないのは、やむを得ません。

インプットは大事ですけれど、「話す」のは発信する行為ですから、自分で口を動かして練習しなければ身につかない。

テレビやラジオにはいろいろな種類の英会話番組があって、講師の後に続いて繰り返して練習する時間が設けられている番組もあります。ただし、時間的には短いので、録画・録音して何度も口に出して練習したらどうでしょう。しっかり聴いて、自分でも繰り返していれば、単語や定型表現は頭に入ります。

話し手の意図と聞き手の推測

でも、「受け身にならないよう、自分でやってみて練習するのは、試してます。だけど会話ができるようにならないから困ってるんですよ」という声が聞こえてきそうです。それはなぜなのでしょう。英会話講座を聞いて真面目に勉強すれば定型表現は頭に入るし、「聞く」という受容能力は伸びるわけですけど、ラジオやテレビの番組は現実の会話とは違う面もあるのが原因です。

ふつうの会話では、話し手は必ず何らかの「意図」をもって話します。そして聞き手は、相手が話している「意図」は何なのかを「推測」します。この相手は、こういう意図でこの発言をしているんだろうな、と推察するのはどの言語でも必ずあります。

通訳者の重要な役割は、話し手の意図がどこにあるかを推測して訳すことで、とくに外交や商談の場面では、言われたことをそのまま訳すと失敗することがありえます。

ところが、この「話し手の意図」を汲《く》み取るのは、容易ではありません。人間というのは実に厄介な生き物で、心で思ったことをそのまま言葉にするわけではないのです。

緊張のあまり正反対のことを口走ることもあれば、思ってもいないことを平気で言う社交辞令もあります。ほめちぎっているけど、内心ではけなしているほめ殺しもある。本当は言いたいんだけど、なかなか言葉にできなくて、相手が察してくれることを願って遠回しに言ってみたり、黙ってしまったり。

すると相手は、言葉通りに受け取って怒ったり、苛立《いらだ》ったり、場合によっては「こう思っているのに違いない」と完全に誤解することだってあります。どんなに対話型ＡＩが発達しても、話し手の意図を推測することはできない。データがないわけですから。

英会話講座の場合は、短い時間内に重要な定型表現を入れたセリフを流すので、話し手の意図がどうで、それを聞き手はどう解釈するか、なんてことまで盛り込めません。お決まりの会話パターンを並べたサイトもありますけど、それよりは話し手の意図を聞き手が誤解して揉《も》める話は映画やドラマにいくらでもあるので、それを参考にしてみてください。

メディア英語講座という範疇《はんちゅう》にはテレビ・ラジオだけでなく、最近はYouTubeも入るでしょう。こちらは、世界から外国語学習法が投稿されていて、発音に特化していたり、社会言語的な観点から英語の使い方を指南してくれる動画など、強力な存在になっています。

実際に話して練習したいのに相手がいないのなら、オンライン英会話に取り組むのも選択肢の一つかもしれません。

ただし、その場合は、「授業料分は練習するぞ」くらいの気概で、積極的に自分から話さなければ。講師ばかりしゃべっているようではもったいない。せっかくの時間を有効に使うためにも、間違ってもいいから、自分から話すこと。

そのためには、「今日は、これについて話そう」と、自分でテーマを決めて準備しておくのも一案です。そして英会話講師のペースに巻き込まれないよう、自分が主導権を握って思い切りしゃべりましょう。

話したいのに話せない

Q 英語を読む分にはそれほど苦労はしないのですが、どうしても話せるようになりません。なぜでしょう。

A 「英語を読む」のは苦労しないとのことですけど、それ、本当ですか？

いつも読んでいるのは何ですか？　新聞？　雑誌？　小説？　評論？　論文？　英文といってもジャンルは多岐にわたるし、「読める」と言っている人が実際にはそれほど読めていないことってあるんです。まずは、現実の読解力を確認してみてください（「英語を読むこと」については、第3章を参照）。

で、ここでは一応、英語を読めるという前提で、「話すこと」を考えてみますね。

母語（日本人の多くは日本語）は誰もが自然に獲得しますけど、外国語は意識して努力して学ばなければ、できるようにはならない。日本人にとって英語は、ふだんは使わなくても生きていかれる「外国語」です。だからなかなか使えるようにならないのです。学校英語が悪いわけではない。学校での英語教育は基礎を学ぶのにさえ不十分なくらい、授業時間が少ないのです。それなのに、ネイティブ並みにペラペラになりたい、などと届かぬ夢を抱くから、プライドが傷ついてイヤになってしまう。

　しかも、外国語で話すときは、自分の知性や教養が反映されないのがもどかしく、恥ずかしくて、悔しい。でも、我ながら幼稚なことをしゃべってるなぁ、こんなはずじゃない、と感じるのは、日本人だけではないようです。母語ではない外国語を「話すこと」には、誰もが自信をなくすし不安になるんです。

　これはもう開き直るしかないですね。そうなんだ、英語を話すのが不安で、自分の英語に腹が立っても、英語は外国語なんだから、母語で話すようにはいかないよな、と割り切って、現実的ではない夢を追いかけるのはやめにする。

　なら、どんな夢を追えばよい？　いつの日か、自分の知的レベルに合わせた英語を話してみせるぞ、と読むことも怠らずに学びを続けることではないでしょうか。

英語は毎日やるべき?

Q 英語力を維持するためには、できるだけ毎日、英語に触れるほうがよいのでしょうか。

A もちろん、その通りです。使っていないと、英語力は落ちていきます。ですから一日15分でもいいから、毎日触れるに越したことはありません。

「習うより慣れよ」という格言がありますけど、外国語学習の場合は、「慣れるまで習え」です。

でも、楽しくなければ毎日なんて続けられないから、自分が好きなことを英語でやればいいと思います。

料理好きなら、調理法を英語で読んで作ってみる。好きなスポーツの中継を英語で観戦する。音楽が好きなら英語の歌を聴いて自分でも歌ってみる。最近の音楽アプリだと、英語の歌を聴きながらスマホ画面に歌詞を出すことが可能です。

スマホ（英語ではsmartphone）一つで、英語を学べるって便利ですよね。通勤や通学の時間を使って英語に触れられる。私のように車内で読むと車酔いになる人は、イヤホンで英語を聴けばいい。

在宅が多い人は、英語のニュースやドラマをテレビ画面で観るとか、YouTubeで英語の動画を探すとか。選択肢が多くて、今日は何をやろうかな、と迷うくらいです。習慣にしないと続かないタイプなら時間を決めてもいいし、思いついたら何かやってみる、だってありでしょう。

問題は「話す」です。「読む」「聞く」「書く」「話す」のうち、とくに「話す」力は落ちやすいというのが、私自身の実感です。やはり日常生活の中で、英語で「話す」機会がないからでしょう。

自分の失敗談をお話ししますね。

私は高校3年のとき、1年間アメリカに留学しました。ホームステイ留学だったので、英語だけで生活して、帰国する頃には、英語での会話は不自由なくなった、と勝手に思っていました。

それで大学では英語ではなく、たまたま興味を持ったスペイン語を専攻しました。スペイン語漬けの毎日。そして半年後くらいに英語の電話がかかってきたんですけど、口から英語が出てこなかった。相手が何を言っているかは理解できるけれど、英語を話すことは我ながら驚くほどもたついた。半年使っていないだけで、これほど簡単に「話す」力が錆《さ》びつくのかと、衝撃でした。


「これはマズい！」と、解決策を探しました。大学に通いながら英会話学校にも通うダブルスクールは、時間的余裕がないし、大学の授業料以外の出費を親に頼む気にもなれません。そこで考えたのがアルバイト。英語を使うバイトを探して、国際会議の受付や場内アナウンスをしました。

「話す」機会をいかにつくるかは、英語を学び直す際の課題かもしれません。

英語を話す機会を見つける

Q 英語を話す機会がなかなか見つかりません。何かいい方法はありますか。

A 実際に声に出して英語を話してみるというのは、大事なことです。だからこそ「話す機会」を見つけたい、どうしたらいいでしょう？　という質問ですね。

つまり、考え込まずに、ある程度、自動的に話せるようになるまで英語を定着させる学んだ英語を使えるようにするためには、英語を内在化する必要があります。

それには、できるだけ頻繁に英語を使ったほうがいいのは言うまでもないのですけど、毎日のように英語話者と話す機会があるとは限りません。そこで「一人スピーキング」が役立つわけ。

どの英単語を使うか分からなかったら、その場ですぐ調べて、一人で話してみる。それを繰り返せば、かなりの訓練になるはずです。

吹石一恵さんの例

「太田光のつぶやき英語」にゲスト出演した俳優の吹石一恵さんは、かつて短期間ですが、語学留学をした経験があります。ただ、使っていないとどんどん忘れてしまうので、「なんでも英語にしてみて、それを声に出す」を日常生活の中で、時々実践しているそうです。

たとえばコンビニで買い物をしていてチョコレートビスケットを見つけると、chocolate biscuit！　といった具合に、目についた商品を片っ端から英語にしてみる。

また、その日の買い物リストを英語でスマホにメモをし、avocado, spinach, sesame……とスーパーマーケットで、小声で言いながら買い物をする。コロナでマスクをするのがふつうになっていた時期は、マスクで隠れるので、口を動かす練習がしやすかったとのことでした。

この方法は、覚えた英語を定着させるために役立ちますね。私も、車窓から見える景色を英語で描写してみたこともありました。周囲の迷惑になるのでもちろん声は出さず、頭の中で英語を話していました。それだけでも効果はあります。

実際に声を出して練習したければ、帰宅して一人になったときに、いくらでもできます。

英語を話す機会を見つける

Q 海外の方と話すことに慣れたいのですが、おすすめの方法はありますか。

A **この質問は、海外から来日した人たちと英語を話す練習をしたい、ということですか？　海外の方々を英語の練習台に使うということでしょうか？**

おすすめの方法と言われてもすぐには思いつきませんけど、一つだけ言えるのは、英語を練習したいだけで外国人を見かけたらやみくもに話しかけるというのは、いかがなものかということ。忙しい人もいるし、フランス語話者なのに英語で話しかけられて、ムッとしている人もいました。

小中高を問わず、外国人に話しかけて英語で会話してみようという課題を出している学校が多くて、アメリカから会いにきた友人を京都に案内したときに目撃しました。銀閣寺だったかな。二人で話しながら景色を楽しんでいたんですけど、いきなり高校生らしきグループに取り囲まれて、We have questions. と、質問用紙らしいものを見ながら次々と質問されました。

かなりの時間がかかって、私との話は中断されてしまったけど、友人は親切な人なので、住所を聞かれても断ったりしないで、メールアドレスまで教えて、「英語の勉強、頑張ってね」と励ましていました。

でも、その生徒たちからお礼の言葉は一切ありませんでした。それどころか突然、「あっ、あっちにもガイジンがいる！」と走り去りました。後からメールもできたはずだけど、お礼メールはなし。こんな失礼なことってある？　と日本人として恥ずかしかったですね。

話しかけるなら、外国人観光客が困っている場合など、状況を見て判断するようにしてほしいし、お礼を言うなどの礼儀を教えないで突撃インタビューを英語の宿題にするのはやめてほしい。

英会話の練習が目的で、日本に居ながら外国の人と共同生活を試みたケースもあります。

「つぶやき英語」のゲストとしてお会いした、お笑い芸人の小島よしおさんです。

小島よしおさんの例

英語の基礎はあるものの会話に自信がなかった小島よしおさんは、会話力を身につけたら海外旅行がもっと楽しくなるだろうと考えて、英語が得意な友人に相談してみたところ、「外国人と生活をともにしてみたら？」とアドバイスされたとか。

そこでソーシャルメディアを通して「同居して英語で話してくれる人いませんか？」と募集したところ、何人かから応募があって、そのうちの一人と条件を話し合って同居を開始。2年間一緒に暮らし、毎日耳にする英語の中で「これは使える」と思ったことは、片っ端からノートに書き取ったそうです。

「つぶやき英語」で紹介されたノートを見たら、いろいろな英会話表現が記録されていたのですけど、若い男性の言葉遣いが圧倒的に多い。これは、同居者がアメリカ人の若者であれば当然のことではあるのですけど、気になる表現もありました。

それで問題になりそうな英語については、「この表現はきちんとした場や目上の人には使えないから、気をつけてね」と指摘すると、小島さんは「あぁっ！」と声をあげて、「そうなんですかあ……」と謙虚に受け止めてくださいました。

初対面でしたが、とても礼儀正しい好青年なので、その人間性が伝わるような英語を話していただきたいと願いました。

自宅で共同生活は効果がありそうだけど、家庭の事情もあるし、と躊躇《ちゅうちょ》する方もいるでしょう。でも、他にも、海外から来日した人たちと接する機会はいろいろあります。東京都港区国際交流協会のように、区内に在住する外国籍の方々が日本での生活や育児の悩みなどをボランティアに相談できる機会を提供したり、区民とやさしい日本語で会話する場を設けている団体があるので、「英会話」目的ではなく、海外からの方々のお役に立ちたいという気持ちがあれば、ボランティア活動が可能です。

また最近は「日本の日常生活を体験したい」と希望する海外からの観光客が増えてい

るようです。

そこで、観光客が日本の一般家庭を訪問して家庭料理を体験するような、さまざまなマッチング・サービスも登場しています。

私の知り合いも登録していて、時間が空いているときに海外の方たちを自宅に招いてお昼をご馳走するそうです。昼食なら気楽だし、短時間でも英語を使っていろいろな話ができるので楽しい、と話してくれました。

というわけで、自分に合った方法を探して試してみたらいかがでしょうか。

話す相手はいないけど、そこまでして話し相手を探す気にはならない。もっと手軽なのはないかな？　という場合は、英語を声に出して読んでみたら？

英語は書き言葉と話し言葉がかなり近いので、手《て》近《ぢか》にある英文を声に出して読んでみる。自分にとって興味がある内容であれば、それほど飽きずに取り組めるのではないでしょうか。

上白石萌音さんの例

翻訳に取り組んだ経験のある上白石萌音さんが欠かさなかったのが、音読でした。原文の英語はもちろん、自分が訳した日本語も、声に出して読んでみる。「これを読んだ人が分かるかなぁ、ヘンなところはないかな？　と自分で確かめる意味でも、目だけではなく、耳で音を確かめました」、と語っていました。大事な学習法ですね。

英語の音読

Q 英語表現を覚えるために、50回、１００回音読を、という専門家もいます。そのくらい繰り返さなくては、身につかないのでしょうか。

A **もちろん声に出して読むことは大切ですし、音読は一定の効果はあると思います。**ただし、意味を考えながら音とリンクさせる努力が必要で、回数が問題ではない。そもそも１００回もおなじ文章を音読していたら、楽しくないし、飽きちゃいませんか？

ひたすら頑張っても、つまらなくてイヤになってしまっては、元も子もないですよね。英語は根性で学ぶものではない、と私は感じています。「飽きない」「楽しんで続けられる」学習方法を自分で探すのも、英語の学びを長続きさせるコツです。

また、音読で気になるのは、英語の強弱のリズム、イントネーション、母音や子音の発音が果たして正しいのか。音読している間、誰もチェックする人がいないとしたら、間違った発音が染みついてしまう可能性があります。そんなものを100回もやったら、百害あって一利なしになりかねません。ですから、ひたすら音読すればいいというものではない。

ただし私自身は、いまだに解説記事などを英語で読むときには、声に出して読みます。一つには、耳で確かめながら読みたいし、私はそのほうが集中できるんです。もう少し詳しく言うと、声に出したほうが「あ、ここところがつながるんだ」など内容をつかみやすい。

もっとも、音読すると内容に集中できない、と主張する研究者もいます。このあたりは、個人差があるかもしれません。

試行錯誤する中で、自分に合った勉強法を見つけることも、効果的に学ぶために大切なことと言えそうです（詳しくは第4章を参照）。

Q 英語では曖昧《あいまい》な表現は使わず、ストレートな物言いのほうがいいのでしょうか。

A 「英語では曖昧な言い方はしない」と考えている人は多いですね。確かに英語では、何か聞かれたときにイエスかノーかをはっきりさせます。

いつまでも返事がはっきりしないと、気の短い人から、Yes or no? と迫られちゃうこともあります。でも、これは「イエスかノー」かの意志をはっきりさせることが大事、ということで、時と場合をわきまえず、表現も考えないで、イエスかノーかだけ答えることとは違います。

まず、質問が重要な事柄だったら、安易に「イエス」と言ってしまうと、自分にとって不利益になるかもしれないですよね。そういう場合は、ちょっと待って、ここが分からないから説明して、と確認しなければ。相手から迫られたらなんでも「イエス」は危険です。

それから答えが「ノー」の場合、緊急の対応を要するときは一言「ノー」でもやむをえませんし、変な人から誘われた場合などは明確に「ノー」とはねつけるべきですが、通常は、なぜ断るのか説明が要ります。説明がないままの「ノー」は、ぶっきらぼうすぎて人間関係が壊れてしまうかもしれません。

「英語ではイエス、ノーをはっきり言うべき」という通説を鵜呑みにして失敗した人がいます。教室に遅れて入ってきて隣に座った同級生に「遅刻しちゃった。講義の前半を聞いてないんだけど、ノートを見せてもらえる?」と頼まれた。それで「ここはアメリカなんだ。はっきり断らなきゃ」と思って「NO!」と答えたら、相手はびっくりしたような、呆れたような顔をして、黙ってしまった。その反応がショックで「えっ、どうしたの?」とわけが分からない気持ちになった、というんです。これは「ノー」だけで済ませてはいけない例ですね。

何かを頼まれたときに断るというのは、一筋縄ではいかない言語行為です。それはできない、という意思は明確にするのですが、言い方には工夫が要る。

知り合いや友人、職場での上司や同僚などから何かを依頼されたけど断りたい、でも相手の気持ちを傷つけたくない、という場合は、なぜダメなのかを説明して納得してもらう必要があります。

招待を断るときも同じです。友人から「来週の土曜、仲間と集まるから、来て」と誘われたとします。承諾する場合は問題ないでしょうけど、難しいのは行かれない事情があって断るときです。

日本語ですと、「その日はちょっと都合が悪いんで、すみません」で通用しますよね。でも英語だと「都合が悪い」を直訳しただけでは、言い訳だと思われる。いや、本当は行きたいんだけど、と思ったら、そう英語で言う。心をこめて。

その後に、but と付け加える。このbut が肝心なんです。「本当はぜひ行きたい」と言った後にbut が続くと、相手はただちに「あ、来られないんだ」と悟り、心の準備ができます。

で、but の後には、残念ながら行かれないことを告げ、なぜ行かれないかの理由をつけます。この理由は、よいことでも悪いことでもいいから、きちんと説明します。

日本人の感覚からすると、たとえばお祝いの会に招かれた場合だったりすると、親が入院してるんで、なんて断ったらまずいんじゃないだろうか、と気遣うんですけど、心配無用。入院だろうが介護だろうが、具体的な理由のほうが「ちょっと都合が悪い」よりは、信憑性《しんぴょうせい》がある。

というわけで、何かを断る場合は、「本来ならお受けしたい」と前置き。その後に「でも」（but）と続けて、行かれない理由を具体的にあげる。今回はムリだけど、次に誘ってもらえたら絶対に行きたい、と思ったとしたら、それをそのまま英語にして「今回はとっても残念だけど、また、誘ってね」くらいをつけると、友情や交流は続きます。

Q　英語には敬語がないというのは、誤解でしょうか。

A

誤解ですね。もちろん日本語のような相手を立てたりする複雑な敬語の使い方はないですけど、**英語にも丁寧な表現はたくさんあります。**

ある企業人の体験です。相当に英語ができる人で、仕事で使う英語に慣れているはずだったのに、あるとき、親しくなった英語母語話者に、やんわり注意されたそうです。

「君の英語は流暢だけど、ときどき失礼な言い方をするね」

失礼なつもりはなかったので驚き、それからビジネスでの英語に細心の注意をはらって聞いていたところ、自分が使ったことのないような、丁寧な言い方が使われているのに気づいたというのです。

英語を丁寧な表現にするには、助動詞mayやwould、couldを使ったり、仮定法を使ったりしてセンテンスを長くします。

そうそう、アメリカの高校で、数学の授業中なのに「トイレに行っていいですか？」って感じでCan I go to the bathroom? と先生に聞いた男子がいたんです。

ごくふつうの英語ですから、先生は「いいですよ」と答えると思っていたら、なんと違いました。昔気質《かたぎ》のナタリー先生はYou can, but you may not.（トイレに行くことはできるけど、行ってはダメです）と答えたんです。

可能を意味するcanと許可を求めるときに使うmayの違いを教え、授業を中断して教師に依頼する場合は丁寧な表現を使うべきことを教えたのですね。

男子生徒は、まいったな、という顔で、May I go to the bathroom, Mrs.Natalie? と言い直し、先生は、Yes, you may. と答えて、男子は無事にトイレに行きました。

もっとも、最近の英語はcanを使うことが多いので、ナタリー先生は天国で苦笑いしているでしょうか。

英語の助動詞は、丁寧表現に使われることを知っていると英語で話すときに便利です。仮定法も、言い方を丁寧にするとき大活躍します。


緊急事態で「助けて！」は、Help!

家族や親しい間柄なら、Can you help me?

少し丁寧にしたい相手なら、Could you help me?

丁寧に頼みたい上司や目上なら、
　Would you mind helping me…?

I'd be very grateful if you helped me…

頼みにくいことを丁重に依頼したいなら、
I was wondering if you could help me…

I would appreciate it very much if you could help me…


他にもまだまだ丁寧表現はあります。英語でも、状況と相手によって丁寧レベルを変えることは知っておくほうがよいと思います。

日本語では敬語抜きのタメグチが使われるし、韓国語では日本語以上に厳格で、年齢によってタメグチにするかどうかが決まるようです。

英語にはそのような使い方はなさそうに見えますけど、実はあるのですよね。くだけた表現やスラングなどは、タメグチのような感じで友だち同士なら平気で使うけれど、いつでもどこでも誰にでも使えるわけではない。

挨拶もそう。親しい友だちや同僚ならWhat's up? でもかまいませんけど、初対面の人にはNice to meet you. ですし、会ったことのある人ならNice to see you again.。他にも、delighted や pleased など、いろいろな表現があるのは、映画「ローマの休日」(Roman Holiday, 1953) で学べます。

アメリカではこう言うよ、ってネイティブが教えてくれた、と受け売りする人もいますが、そのネイティブがどの地域のどういう階層の出身かによって使う英語は違いますし、話す相手がどういう背景を持った人かによっても話し方が違ってきます。

イギリスは階級社会らしいけどアメリカは平等だよね、と思っている人は多いですが、仔《し》細《さい》に見ればアメリカにも社会階層が厳然として存在していて、その属性によって語彙や発音、表現が異なるのです。

映画やドラマが教材として優れているのは、登場人物がどういう人か、ジェンダーや年齢などの属性が設定されていて、その人がどのような場面で誰に対してどういう英語を使うか、というのが一目瞭然だから。

同じ主人公が、親友に悩みを打ち明けているときの英語、職場で上司から注意されている場で話す英語、仕事でプレゼンテーションをしている場面での英語、それぞれ丁寧度が違うことが分かるはずです。

外国語として英語を使う日本人学習者としては、そういう多様な英語を学びつつ、自分が使うときには教科書や学習参考書に出てくるような「ふつうの英語」で話したり書いたりするのが安全だと思います。

第3章

「話すこと」を支える力

英語を読む・聞く・書く・話すの「4技能」は大切だとされながらも、現実の日本社会では世論も経済界も「話す」ことだけを特別視し、入試改革では「スピーキング・テスト」を導入して、話す力を切り離して測定する流れが顕著です。

けれど、そのやり方で、本当に英語を話せるようになるのでしょうか？

第3章では、「話す力」を支える技能として、英語の「読み書き」と「聞くこと」について詳しく説明します。

読むこと

Q

「読む力」「書く力」「話す力」「聞く力」のすべてをまんべんなく身につけなくては、「英語力」はつかないのでしょうか。

A　「読む力」「聞く力」「書く力」「話す力」はそれぞれ関連し連動しているので、どれか一つを取り出して「これだけが大事」とは言えない。 英語力を高めるには、この4つのどれも大事なのです。

ちなみに欧州評議会のCEFR増補版では、「伝統的な4技能では、複雑なコミュニケーション現象を捉《とら》えるには不十分」だと述べ、「話すこと」を、スピーチなどの「産《さん》出《しゅつ》」（production）と対話の「やりとり」（interaction）に分けています。「書くこと」にも、ソーシャルメディアを念頭に、対話のように「やりとり」することを入れ、「仲介」（mediation）という技能も加えて、7技能に増やしています。

「やりとり」については、第2章で解説したので、ここでは話を分かりやすくするため、従来型の「4技能」で説明しますね。

「読む」と「聞く」は受容能力なので、「書く」「話す」という発信を可能にする基盤になります。読むことができなければ、書くことはできない。聞いて理解できなければ、話すことなどできない。

ですから、この4つをまんべんなくやるというより、この4つの技能を関連づけて、読んだら書いてみる、書いたらそれを話してみる、そしてなんらかの形で「聞く」場面を見つけるといったように、すべて連動させていくことが大事なのです。

具体的な方法を紹介します。

最新の話題を知っていれば、海外の人たちとの会話のネタになるので、英語ニュースを聞くとよいのですが、テレビの報道は放送時間が短く、よほどの大事件でない限り、ふつうは一つのニュースがせいぜい1分から2分です。

その分、内容が凝縮されていてキャスターも早口で伝えるので、背景の知識がないと何を言っているのか理解不能。そこで、まず日本語の新聞を読んで、ニュースの概要を頭に入れておきます。

次に同じニュースを、英字新聞か海外メディアのオンライン報道で読んでみます。英語報道の場合はリードの文章が全体のまとめになっているので、そこだけでも声に出して読んで、時間があれば書き写してみる。知らない単語は調べてみる。そのうえで、テレビでの海外ニュースやYouTubeなどで英語での報道を聞いてみると、予想外に内容が分かって嬉しくなります。

興味のあるニュースがあったら、英語で意見を書いてソーシャルメディアに投稿しても楽しい。そのような積み重ねで、総合的な「英語力」が高まっていきます。

一つ言えるのは、「聞く」「書く」「話す」のいずれも、「読むこと」が土台になる、という点です。「私は会話さえできるようになればいいので、読む力のためにあまり時間をかけたくない」と思っているとしたら、それは間違い。

では、なぜ「読む力」が英語力の基本となるのでしょうか？

たとえば、リスニング力を上げようと思っても、使われている単語や語句を知らなければ、聞き取れません。語彙を増やすには、まず「読む」こと。英語をシャワーのように浴びていれば聞き取れるようになる、なんていうのは幻想ですから要注意です。

作家の林真理子さんが試してみて、さっぱり上達しないのよ、なんで？　と『週刊朝日』で対談したときに悔しがっていたので、「シャワーのように聞いていても、シャワーのように流れちゃうだけ」と説明しました。

だいぶ昔、映画監督で俳優の伊丹十三さんをインタビューしたときのこと。

「読む勉強をしていない頃は、英語がわけの分からない塊としか感じられなかった。勉強していると、知っている単語はちゃんと聞こえてくる。だから語彙がないと、何度聞いてもダメなんですね」と語っていました。まさにその通りです。


アジアを旅行すると字が読めない子どもでも英語をしゃべっている、という話をよく聞きますけど、英語が共通語として使われている旧植民地と、あくまで外国語として英語を学ぶ日本の状況は違います。

ましてや、お土産品を観光客に売るだけではなく、自分の考えや意見を主張したいとなったら、相当な語彙が必須条件。英語を読めなければ、まともな英文を書くことができないし、話すこと、聞くことにも限界があるのです。

では、どうすればよいのか。質のよい英文をたくさん読んで、自分で文章を書いてみる。そして、今度はその語彙を使って、話してみる。回り道のようでいて、それが英語力を高める結果につながります。

読むこと

Q

英語力をつけるには英語を「読む」ことが大切ということですが、どんなものを読めばよいでしょうか。

A

経済に関わる仕事をしているなら英語の経済書を読むなど、得意な分野や興味がある分野の英語の本を読むのが、無理なく英文を読むことになります。

哲学書も含めて、いわゆる専門書と呼ばれるものは、日本語訳のものより英語のほうが、なぜか読みやすい。日本語訳だと、どうしてこんなに難解なのだろうと戸惑うこともあるので、英語の原書をぜひ読んでみてくださいな。

自分がよく知っている分野や関心のあるテーマなら、意欲的に取り組めるので読み進みやすいでしょうし、その分野の語彙を増やすこともできます。英語力と知見を広めることが同時にできて、まさに一石二鳥。

文学作品を読むことは、読解力をつけるにはもってこいです。古典はちょっと重い、という方は、推理小説やＳＦ（science fiction）なども含めて英語で書かれた現代の小説を読むのはどうでしょう。小説にはたいてい会話も出てくるので、特定の場面や状況での言葉の使い方が分かって、「話す」力を高めるためにもおおいに役立ちます。本をもとにしている映画やドラマは多いので、気に入ったら、原作を英語で読んでみるのもおすすめです。

小説以外でも、ノンフィクションなどさまざまなジャンルの本を読めば、幅広い知識と英語を読む力が得られます。

現代英語は、書き言葉と話し言葉の違いがそれほど大きくありませんし、語りかけるように書かれている作品も多くあります。ですから話題の本やベストセラーから、現代的な話し言葉を知ることもできます。

一例が、ハリー王子（サセックス公爵）の回顧録『SPARE』。全編ほとんど話し言葉で書かれています。ハリー王子が語ったことをゴーストライターがまとめた本で、読者に話しかけるような文体で書かれているので、英語を「話す」ための教材として使えそう。

私が一読して感じたのは、the institution という言葉が頻出すること。試しに大学生に「institution って何のことだと思う？」と質問してみたら、「組織」や「制度」という答えが返ってきました。

その通りなのですが、この本での the institution は「制度としての英国王室」を指しています。これは、エリザベス女王（Elizabeth II, 1926-2022）をめぐる英王室を描いた歴史ドラマ“The Crown”を観ても、同じ意味で使っています。

ハリー王子は必ずしも、自分の家族を批判しているのではなく、むしろ王室（the Royal Family）を動かしている官僚組織やメディアを批判しているのが読み取れます。

ハリー王子とメーガン夫人がこれまで経験したことを自ら語った、Netflix のドキュメンタリー番組“Harry & Meghan”も本と重なる部分があるので、そちらも併せて観るといろいろ確かめることができるし、リスニングの勉強にもなります。英語字幕の設定にすれば、聞き取れない英語の確認もできます。

『SPARE』も“Harry & Meghan”も賛否両論となり世界中で話題になったので、会話のネタとしても使えそうです。

相手から言われたことにI seeとかyesなどと返しているだけでは、会話は成立しません。自分からも何かしら話題を提供して、会話を続けることに寄与しないと、相手も話す気がなくなってしまいます。そうならないためには、英語で雑学的な知識を仕入れておくことも無駄にはならない。

映像の活用法についてはすでに説明しましたけど、今の時代、英語の教材になるものがいくらでもあって、いつでもどこでも好きなように勉強できるので助かります。面白そうな本や映像作品を見つけたら、ついつい熱中して英語の世界にのめり込むかもしれません。

ぜひ、試してみてください。

読むこと

Q 「読む」だけで、英語表現を覚えられるのでしょうか。

A さらっと読むだけでは、英語表現を覚えるところまではいかないでしょう。

「読むこと」には、「精読」（内容や表現を吟味しながら熟読する intensive reading）と「多読」（広く浅くどんどん読む extensive reading）の2種類があります。多読には、好きな本を楽しみながら読む pleasure reading も入ります。

英語力を高めるには、しっかり読み込む「精読」と、知らない単語は推測しながらたくさん読む「多読」の両方とも大事なのですが、語彙を増やすためには「精読」が必要です。

英語をただ聞いているだけだと、知らない単語や語句が出てきても耳を素通りしてしまい、後から調べるのは難しい。そこへいくと書かれている文章なら、「この単語は知っているけれど、ここでは違う意味で使っているのかな?」「あれっ、見たことがない表現だ」などと気づきます。

そこで、気になったら調べるようにすると、語彙の引き出しが増えていきます。

また、「読むこと」は、単語や語句がコンテクストの中でどう使われるかを知るうえでも役立ちます。ある特定の文脈の中で、その言葉がどう使われているかを理解できるという意味で、「読むこと」は欠かせないのです。

気になる言い回しや、「いつか使ってみたい」と思った文章は、ノートに書きとめたりスマホのメモに打ち込んだりしておくと、自分で記録することで記憶に残りやすくなるし、表現が自分のものになります。

聞くこと

Q **外国の方と会話をする機会があっても、聞き取れないことが少なくありません。「聞く力」を高めるには、どうしたらいいのでしょう。**

A **確かに「聞くこと」に関して、どうやっても聞き取れないという悩みは多いですよね。**なぜそうなるかといえば、「聞くこと」は、相手次第だからでしょうね。「話すこと」に関しては、たとえつっかえつっかえでも、頑張ればある程度は話せます。ところが対話の場合、英会話の本にある定型表現を使って How are you? と話しかけても、会話パターン通り Fine, thank you. And you? と返ってくるとは限らない。思いもよらない返事だったり、想定外の反応が返ってくる可能性があります。

相手が出してきた話題に関する多少の知識がなければ、何を話しているのかさえ分からない。また、相手の出身地によっては、話し方にクセがあり、聞き取りにくいかもしれません。

リスニング力を高めるには、語彙を増やすとともに、英語に触れ、聞くことに慣れていく必要があります。それも聞き流すのではなく、意味をきちんと理解しながら聞くことが大事だというのは当然なのですが、それと矛盾するようなアドバイスもあります。

全部を分かろうとしないことです。

ジブリ映画「魔女の宅急便」を英語の吹き替えで観た矢野力さん（個人塾経営）は、「ほとんどわからなかった」ことが悔しくて、「どうしてだろう？」とセリフの英語を調べてみました。

使われていた英単語は全部で７６７２語。約91％が中学で習う語で、よく使われる単語の上位20は中学1年で学ぶ単語。活字で見れば意味を知っている単語ばかり。それなのに、なんで聞き取れなかったのか。

頻出する単語の1位は、you（あなた）で３７０回登場。2位は冠詞のtheで２０３回。3位は代名詞のitで１８５回。上位10語には、theの他にto, and, thatなど文法的な関連を示す「機能語」が多く、どれも弱く発音されるものなのに、一言一句聞き取れないとダメだと必死に聞こうとしたのが原因だった、と判明したのです。「機能語」は、中身を説明している「内容語」とは違い、弱く発音します。だから聞き取れなくて当たり前。それなのに、すべてを聞き取ろうとしたのが裏目に出たわけで、強く発音されているところだけ拾っていけばいいわけです。

講演でも「英語を聞き取れない、どうしたらよいか」と質問されたことがあります。単語をつなげる機能語について説明して、単語の全部を聞き取れなくてもかまわないと答えたら、質問者は納得しかねるような表情でした。

でもね、英語母語話者は、大事な部分はたいてい強く発音します。とくに重要なのは内容に関するキーワードで、相手に理解してほしいと思ったら、はっきりと強く発音する。だから、そこさえ聞き取れれば、あとはこれまでの知識と想像力を最大限に活用するのが、最強のリスニング方法なのです。

ウェンツ瑛士さんの例

想像力を働かせることでリスニングへの苦手意識を克服した最高の例が、「太田光のつぶやき英語」でお会いしたウエンツ瑛士《えいじ》さんの経験です。

ウエンツさんは本格的に演劇を学びたいという思いから、２０１８年に英国留学。１年半ロンドンで生活しました。日本での仕事がなくなることを覚悟のうえで、仕事をいったんすべてやめ、背水の陣でイギリスに向かったといいます。

語学学校に通い、夕方からは演劇、ダンス、ボイストレーニングなど、ひたすら舞台に立つためのスキルを学ぶ日々。ちなみに留学前の英語力は、旅行先でちょっとしたコミュニケーションをとれる程度で、語学学校では一番下のクラスだったそうです。

最初の３～４カ月はリスニングもスピーキングも思うようにできず、日常生活でもストレスを感じていましたが、徐々に自分なりの解決法を発見。それが「全部を聞き取ろうとしない。想像力があれば、聞き取れなくても意味を理解できる」でした。

聞き取れた単語やフレーズをもとに推測すると、相手は何を言おうとしているのかつかめるし、相手の表情や語調に意識を向ければ、自分に興味があって質問しているのか、あるいは何かを注意しているのかなどを把握できます。

それをもとに、自分はどう返答するかを考え、相手の発言に切れ目というか、ちょっと間《ま》ができたら、すかさず自分の意見を言う。そうすると、相手も一目置いてくれて、会話が成立すると気づいたそうです。

これは素晴らしい！　全部分からなくても、聞き取れた語句から話の趣旨を「想像する」。これは、英語でのやりとりの極意と言ってもいいでしょう。

リスニングが苦手だという悩みをよく聞きますが、なにも全部聞き取れなくてもかまわないのです。すべて聞き取れないとダメだと思ってしまうと、緊張し、焦りもするし、ストレスも感じるでしょう。「聞き取れる部分から想像すればいい」と、いい意味で居直ると、気持ちにゆとりが生まれます。

もう一つウエンツさんが気づいた重要なことは、「大事なことは最初に言う」。英語では肝心なことは、はじめに言います。そして後から「なぜかというと」と、理由や説明をつけ加える。それが英語の基本的な論理構成です。

「大事なことは最初に言う」という原則を知っていると、他人の話も、はじめの部分を注意深く聞いていれば、何を言いたいかおおよそ想像がつきます。

そこでウエンツさんは、大事な冒頭部分を聞き取ることに集中し、会話の後半はあまり聞かず、その間、頭の中で答えを準備するようにしたとか。見事な英会話攻略法ですね（英語の論理構成については、177ページを参照）。

ウエンツさんが留学する前に出演していたバラエティ番組で、当意即妙の受け答えに感心したことを覚えています。そのような日本語でのコミュニケーション能力が、英語でも生きたのでしょう。

基本となる母語力が英語力の土台になることの好例でもあります。

聞くこと

Q 相手の質問や言っていることの意味が分からず、焦ってパニックになることも。そういうときは、どうやって切り抜ければいいのでしょうか。

A 相手の言っていることが分からないと、どうしても焦りますよね。頭の中が真っ白になっちゃったりする。

聞き取れない理由は、いくつか考えられます。語彙が足りない、そもそも英語を聞くことに慣れていない、緊張していて英語が頭の中に入ってこない、相手の英語にイントネーションや発音のクセがある、などなど。

そのどれが該当するにしても、「英語を聞き取るのはカンタンじゃない」と割り切るのが得策です。

たとえば、人の名前や地名などの固有名詞、数字などは、マジ、困りますよね。よほどの有名人か、よくある名前ならともかく、英米人でもルーツがいろいろだから、聞き取れない名前は多い。地名だって、ロンドンやニューヨークなら聞き取れるけど、何度聞き直しても判然としない地名はあります。

数字は、英語と日本語では位取りが違うし、単位がメートル法でないと頭の中がゴチャゴチャになっちゃう。もともと数字が苦手な私がアポロ11号の月面着陸中継で同時通訳をして、一番困ったのが数字でした。単位がフィートだったりマイルだったり海里だったりするし、数字の桁が大きいから、ゲスト出演していた地球物理学者に「あなたのさっきの訳だと、月に行くどころか地球を一周もできないですよ」と注意されたくらいです。

それで編み出したのが、目の前にゼロを何桁も書いたメモを用意しておいて、ten thousandと言われたら、パッとおさえて「1万」と日本語に訳す。

数字でも固有名詞でも、聞き取れないときの究極の解決策は「書いてもらう」こと。

one hundred millionと言われてクラクラしそうになっても、書いてもらったのを目で確認すると、「なんだ、1億か」と分かります。地名も、まるで聞き取れなかったのが、「Frankfurt? なんだ、フランクフルトのことだ」と分かります。

日本人にありがちなのが、聞き取れなかった自分が悪いと思って謝ったりすることだけど、そんな必要は、まったくない。反省する必要もありません。「分からなかったら聞き返す」ことだけ忘れないでほしい。

アメリカのリアリティ番組を観ていたら、参加している全員が英語で話しているんだけど、アメリカ英語でも東部なまりや南部なまりがあって、お互い「えっ、そのなまり、どこ出身?」などと聞き合っている。

オーストラリア英語があれば、ニュージーランド英語もあり。イギリス英語は「カッコいい」、フランス語なまりの英語は「ステキ」。そんな中、スコットランド出身の男性が話す英語は、「分からないよ」「今、何を言ったの?」と聞き返され、ふつうの英語の発音をしてと、何度も言わされる場面がありました。

つまり、英語の母語話者同士でも分からないことがある。だったら英語が母語でない日本人が聞き取れないことは当然ありえるわけで、気にすることはない。堂々と聞き返せばよい。

聞き返すときに単純明快なのは、「なに？　もう一度お願い」という感じで聞き返す“Pardon?” ですかね。

相手の言っていることがよく分からなくても、自分のリスニング力が不足していてスミマセン、なんて長々と釈明する必要はない。相手の話が「分からなかった」I didn't get it. も使えるし、「どういうこと？」「どういう意味？」What do you mean? と問えば、相手は自分の説明の仕方が悪かったと考えて、違う言い方で応答するはずです。

理想的なのは、相手が話している中でなんとか聞き取れた単語が一つでもあれば、それを手がかりに使って質問してみること。

たとえば、相手が「自分の故郷に行ってみたら、かくかくしかじかだった」と話していて、hometown は聞き取れたけど、故郷で何をどうしたのかが理解できなかったのなら“Hometown?” と聞き返してみる。

少しでも聞こえてきた単語を頼りに聞き返すと、相手は違う表現で説明してくれるだろうし、万が一、聞き取れたと思っていた単語が間違っていても、相手は、聞き違いだと受け取って「そうじゃなくて」と、言い直してくれるはず。母語だってそうですよね。思わぬ単語に聞き違えて二人で笑ってしまうこともある。それと同じです。

対話や会話は、相手と自分の双方でやりとりして成立するもの。話し手は聞き手が分かるように話す責任があるし、聞き手は理解できなかったら、聞き取れなかったことを話し手に知らせる義務がある。これを繰り返して、お互いがそれぞれの話を理解できるまで説明し合うことが対話です。

数年前のアメリカ映画で、若い男女が議論している場面がありました。丁々発止のやりとりの末にようやく女性が納得して譲歩した後、男性が「ケンカするのは嫌いだ」。すると、女性が「これ、ケンカじゃない。会話よ。誰かが話をすると、もう一人が聞いて、そうやって問題解決するんだから」とコミュニケーションが苦手な彼に説明。彼は「そういうことなんだ」。

そう、会話というのは、そういうことなんです。

発音

Q 発音に自信がないので、つい話すのをためらってしまいます。ネイティブみたいな発音は、どうやったら身につくのでしょう。

A **「ネイティブ信仰」は根強いですけど、「ネイティブみたいな発音」にこだわるのは無意味です。**

母語の発音（音韻体系）は、子どもの頃に完成するので、英語が母語でない人が英語母語話者のように発音するなんて無理なのです。そんな必要もない。

国際系の大学や学部では、一番上に英語母語話者がきて、次が帰国生や留学などで英語が話せる人たち、最下層が日本生まれ日本育ちの純ジャパ、などと英語力で階層化するようなことが現実にあるようです。

でも、これは妙な話で、最近の世界の流れに逆行しています。

英語は「国際共通語」であって、もはやネイティブ・スピーカーだけの所有ではありません。英語を母語としない人の数は、母語話者の何倍もいるのですから。
英語が母語であろうとなかろうと、英語で話し合うときに大事なのは、お互いがお互いの英語を理解できるかどうか。「分かりやすさ（intelligibility）」を基準にすべきだというのが、昨今の考え方です（詳しくは第1章を参照）。

発音を気にして話すのをためらっていたら損しちゃう。私たち日本人にとっての英語はあくまで外国語なので間違えて当たり前なのです。そうやって開き直って、どんどん話したほうが勝ち。相手に通じない場合は、あれこれ試してみて、それでもダメなら書いて見せれば、あ、なんだ、このこと！　と一件落着だったりします。

「聞くこと」の項目で説明したように、対話を成立させるのは双方の責任です。相手の英語を理解しようとする努力は、母語話者にも問われます。一方的に申し訳ないと卑屈になる必要はありません。

アメリカ人を真似した英語をイギリスで話したら、場合によっては冷ややかな目で見られたりする。だったらそんなことにエネルギーを費やすよりは、共通語として誰にとってもわかりやすい英語を話せるようになる努力をしたほうが生産的ですよね。

もっとも、具体的に、発音を分かりやすくするにはどうしたらいいのか。音声教材を聞いても、どういう風に口や舌を動かしたらいいのかイマイチ分からないし、自分の発音が正しいかどうかの判断もできない。

一つ参考になるのが、発音記号です。

岡本圭人さんの例

俳優として活躍している岡本圭人《けいと》さんは、父親で俳優の岡本健一さんの方針で、9歳から5年間、イギリスに一人で留学した経験があります。ただしこのときは自分の意思ではなかったため、あまり楽しくはなかったとか。

その後、しばらくHey! Say! JUMPで活動していましたが、本格的に演劇の勉強をしたいと思うようになり、25歳のときにアメリカの演劇学校に留学。2年間、ニューヨークで過ごしました。

ところが入学したばかりの頃、先生から「演技力はそれなりにあるかもしれないけれど、君の英語が聞き取れない」と言われ、ショックを受けます。子ども時代にイギリスで覚えた発音が、アメリカ英語とは異なっていたこともあるでしょう。

そこでＩＰＡ（International Phonetic Alphabet）という、あらゆる言語の音声を表す発音記号を調べ、徹底的に発音の勉強をしたそうです。

岡本さんには「つぶやき英語」で、試しに同じ言葉を、イギリスだとこう、アメリカだとこう、日本人が発音するとこうなりがち――と、３種類の発音をしていただきました。

ただし、ちょっと極端だったので、「アメリカ英語でもそんな発音はしない」と指摘したら、「いや、自然にアメリカ英語の発音ができるようになるまでのプロセスとして、わざと少しオーバーにやるようにしたんです」。なるほど、岡本さんなりの学習法を見つけたのだと納得しました。

番組では、司会の森川葵さんと『ロミオとジュリエット』を英語で演じました。聞いていて分かりやすい明瞭なセリフで、発音訓練の成果が生きていました。

その後、岡本圭人さんが森川葵さんと共演した舞台「４０００マイルズ～旅立ちの時～（4000 Miles）」を観に行きました。２０１１年にアメリカ・ニューヨークのオフ・ブロードウェイで初演された作品で、もちろん私が観に行った舞台は日本語訳で演じられたわけですが、岡本さんは英語の台本も読んでいました。原語での台本を読むことで、理解が深まったのではないかと推測しています。

岡本さんの夢は、ブロードウェイの舞台に立つこと。Follow your dream! と声をかけたらThank you! と爽やかな声が返ってきました。

社会人の中には、学校で発音記号を習った覚えがある人も多いでしょう。ところが現行の学習指導要領では、指導するか否かは学校の判断に委《ゆだ》ねられているので、少ない授業時間で発音記号まで教えている時間的余裕がないし、生徒の負担になる、と考える学校も増えています。

発音記号を学校で教えないのは惜しいと思いますが、教職課程で英語の音声指導まで十分に扱わないことも影響しているので、致し方ない面もあります。

岡本圭人さんを見習って、自力で発音記号を学んでみると効果的です。

音楽が好きな方は、英語の曲を歌うという発音学習法もおすすめです。

木村昴さんの例

「ドラえもん」のジャイアンの声でお馴染《なじ》みの木村昴《すばる》さんは、声優だけでなく俳優としても活躍していて、英語も達者です。

そんな木村さんは、いつ、どうやって英語を学んだのか、聞いてみました。きっかけはラップ（rap）が好きになったこと。

アメリカ生まれのラップは、自分の心をそのままリズムにのせて歌う音楽です。自分も英語で歌えるようになりたいと思うようになって、単語や語句の意味を調べ、歌詞を早口でリズムにのせる練習をしたとのことでした。

「つぶやき英語」に登場した際には、一番好きなラッパーであるエミネム（Eminem）のLose yourselfを取り上げ、どのように韻をふんでいるかの詳しい説明がありました。

世界的に大流行したこの曲の歌詞は、確かに驚くほど韻をふんでいるのです。

ほんの一部を聞いただけでも、nervous, surface で [ə́ːr] という日本語にはない母音、crowd, loud, mouth, out で [au]、choking, joking では日本語の「オー」とは違う [ou]、knees, weak で「イー」とのばした感じの [iː] が並ぶなど、母音が繰り返されているので、これを歌う練習をしているうちに英語の母音が体に入ってくるのでしょう。YouTubeには、この曲を使って母音の発音を解説している英語講座があるくらいで、英語の音とリズムを習得するのに適した曲と言えます。

英語の発音の中でも、母音は曲者《くせもの》です。日本語には「アイウエオ」の5つしかないのに、英語の母音は20前後もあって、日本語にない音がいくつもあります。

だからカタカナにすると英語ではなくなってしまうし、相手に通じない、ということになりがち。「その発音は違う」「それは英語じゃない」と言われても、どうしたらよいか分からないし、発音講座をネットで探してみても、講師の口を見ているだけでは、英語の母音にならないのがつらい。

ところが、ラップでカッコよく歌おうとラッパーの英語を真似しながら口を動かすと、意外に音を再現できるようになるようです。それにラップは体を動かして踊りながら語るように歌うので、英語のリズムが身につくことにもなりそう。

もちろん、ラップは若者言葉やスラングの連発もあって、そのまま会話には使えない歌詞もありますし、きちんとした英語とは違う話し方なのは事実です。でも使える表現も登場するので、意味や用法を調べて取捨選択すればよいでしょう。

ラップやヒップホップは自分には向かない、という方は、ミュージカル映画の“Sound of Music”なんかもおすすめです。

「ドレミの歌」を日本語で歌ってしまうと英語の発音の勉強になりませんけど、英語で歌うと「do」の音は「ドーナツのド」ではなく、英語で雌鹿を意味するdoe［dou］であるのが分かります。他にも、ここに書ききれないくらい発音のヒントがあります。

ついでに、カラオケで歌ってみるのも楽しいかもしれません。海外ドラマでも日本のkaraokeはよく登場するので、本場の日本でカラオケを活用しない手はない。人前で歌うのが恥ずかしいなら、一人カラオケもあります。英語の歌詞を見ながら歌っているうちに、英語の音とリズムが身体に入ってくること請け合いです。

発音

Q

英語の場合、母音の発音に規則性がないので、スペルを見ても発音が分かりません。いい方法はありますか。

A

まず、日本語では「スペル」とよく言いますが、英語でspellは「つづる」という意味の動詞なので、名詞として使う場合はspellingとなります。

アメリカにはSpelling Beeという人気のコンテストがあって、全米の小学生が競ってスペリングを勉強します。

さて、ご質問です。英語のつづりと発音が一致しないのは学習者にとって迷惑なのですが、英語の歴史的変遷でそうなってしまった。英語母語話者の子どもにとっても、音と文字の不一致は難題のようです。そこで、フォニックス（Phonics 英語の音と文字を結びつける児童向け指導法）で教えたりしますし、子どもたちが遊びながら学べるゲームや動画サイトが多種あります。

先ほど説明したように、母音の発音は、母語話者の間でも地域や階級によって違います。これも映画やドラマで理解できます。

往年のミュージカル映画「マイ・フェア・レディ（My Fair Lady）」では、ロンドンの貧民街で育ち、なまりが強い女性を言語学者が特訓して、上流階級の発音に矯正します。

rain（雨）や Spain のように［ei］と発音するべき母音 a をいくら教えても［ai］となまってしまうので、The rain in Spain stays mainly in the plain. と何度も言わせているのが歌になりますけど、それほど英語ネイティブでも母音の標準的な発音は難しいのですね。

発音

Q 日本のいわゆる「カタカナ英語」は、海外では通じません。なぜ元の英語に近いカタカナにしないのでしょうか。

A

最初に申し上げておきますが、カタカナで英語の音は絶対に表せません。カタカナにした時点で、英語ではなくなってしまいます。

まず、母音について。先に説明した通り、日本語は母音が5つだけですが、英語は20くらいあります。たとえばカタカナで「ア」と表記されている母音だけでも、数種類の違う母音が含まれています。ですからawardを「アワード」と表記したら、英語の[əwɔ́rd]とはまったく違う音になってしまいます。日本語で「賞」と言えばすむのに、といつも思います。

「糖尿病」という病名を不快に感じる患者さんが多いとのことで「ダイアベティス」に変えようと学会が検討中との報道を読みました。英語のdiabetesは、beの部分を強く長く、母音のeは「イー」とのばして発音［daia-bi:tis］するので、カタカナの発音とまるで違います。なぜ日本語で言い換えないのでしょうかね。

子音の数も、日本語と英語では違います。日本語の子音は16ですが、英語は24。摩擦音など、日本語にはない音もあります。

また、日本語の場合、必ず母音と子音が組み合わさった音になっています。ところが英語は子音連結といって、母音なしで子音だけでつながることが多いのです。「りんご」のappleは、最初の母音aだけを強く発音して、次はpplと子音が3つ続きます。最後のeはsilent（黙字）なので発音しません（これも英語が母語でない学習者には分かりにくい）。

だから日本語で「アップル」と言うと、puluと余計な母音uが2つも入ってしまい、英語のリズムが崩れちゃう。

英語のstrikeはstrと3つの子音がつながり、母音はiだけなので1音節です。最後のeは発音しないので、母音は一つと考えますが、カタカナで「ストライク」だと[su-to-ra-i-ku]となって5音節です。同じstrikeを「ストライキ」[su-to-ra-i-ki]として使う場合も同じく5音節になってしまいます。

日本語の場合、単語の最後が子音で終わることは、[ん]以外、ふつうはありません。しりとりをしていても、「ん」で終わる単語を言ってしまうと負けです。

でも、英語は違います。たとえば「手品」は、英語でmagic tricks。マジックはcという子音で終わり、トリックスはcksと3つの子音がつながって終わります。英語のリズムを保つためには、子音の後に母音をくっつけないで発音すればいいんです。やってみてください。

「カタカナ英語」と並んでやっかいなのが「和製英語」です。和製英語とは、日本でつくられた、あたかも英語のような言葉のこと。「ペットボトル→plastic bottle」「ノートパソコン→laptop (PC)」「バックミラー→rear-view mirror」「クレーム→

complaint」など。

緊張を意味するtensionが、「テンションが高い」と興奮しているように使われたり、元の英語と、ずれた意味で使われている例もたくさんあります。

いずれにせよ「カタカナ英語」は英語ではないと、はっきり認識しておきましょう。

文法

Q **母語は、文法の勉強をとくにしなくても文章を書いたり話したりできます。外国語の場合、なぜ文法の勉強をしなくてはいけないのでしょう。**

A **「日本語なら文法なんか知らなくても使えるのに、なぜ英語は文法を教えるんですか？」という質問は多いですね。**「アメリカの赤ん坊は、文法を知らなくても英語をしゃべってる。だから、文法がどうだとか言ってないで、最初っから子どもに英会話を教えればいい」となって、小学校で英会話を教えるようになったし、中高での文法指導が目の敵《かたき》にされた時期もありました。現在は、さすがに学習指導要領で、コミュニケーションに必要な文法事項は教える、となりましたけれど、一般社会ではやっぱり「文法は要らないから、英会話をやって」という風潮です。

でも英語にしても日本語にしても、文法を学ばなくても話せるのは、母語だからです。

赤ちゃんはお母さんのお腹の中にいるときから、すでに外界の音を吸収しているそうです。胎児は、お母さんやそばにいる人たちが話す声を聞いて育っていく。だから親は、お腹にいる赤ちゃんに向かって話しかけたりするのでしょう。

そして生まれてからも、赤ちゃんは起きてから寝るまで言葉に触れます。寝ている間も子守歌を聞いていたりする。それが「母語」なんです。

そのうち赤ちゃんは、「ばー」のように意味のない音声を発するようになって、1歳の誕生日頃には「ママ」など一つの単語を言うようになる。そのうち単語は2語になり3語になり、やがて単語がつながっていく。親やきょうだい、保育園や幼稚園の先生や友だちなどまわりの人たちの話し方を真似たりしながら、少しずつ対話ができるようになります。個人差はあるけれど、母語がほぼ完成するのは10歳頃と言われています。本人は意識しないで吸収するので「母語を獲得する」という言い方をします。

勉強して「習得」するわけでなく、母語漬けの生活を送りながら自然に「獲得」する。それでも約10年かかるわけです。母語ではない外国語を勉強して「習得」するには、かなりの時間がかかるのは当たり前です。その際の下地となるのが、文法なのです。

ところが、「自分たちは中学・高校と学校で文法ばかりやっていたから、しゃべれないんだ」というぼやきを、よく聞きます。でも文法を勉強したから英語が話せない、なんてことはない。だって、外国語を学ぶのに、その言語の仕組みや決まりを知ることは必須だから。そうでないと単語の羅列だけになってしまって、意味のある話はできません。

一昔前に、アメリカからモルモン教の宣教師が来日して、日本語が流暢なのでテレビで人気になったことがあります。なんでもモルモン教は世界中で布教活動をするため、派遣先の言語を特訓するんだそうです。もちろん自習もする。まずは日本語の文法を勉強して、日本語の仕組みを理解するようにした、という人がいました。

外国語学習は数学のようなところもあるので、数学に強い日本人は外国語学習にも長《た》けているはずだ、と言われて、数学苦手人間の私は困ってしまいましたが、ともかく宣教師は、日本到着の翌日から日本語で仕事ができるように勉強する、そのために言語の規則を知る文法学習は欠かせないということでした。

スポーツを例にとると、野球でもサッカーでもルールがあります。スポーツ観戦をする際、ルールを知らなければ、本当の意味で楽しむことはできないですよね。

ラグビーワールドカップ２０２３フランス大会では、これまでラグビーに興味がなかった人も試合中継を観るようになり、英国生まれのラグビーという紳士のスポーツのルールを知った人が増えたようです。ましてや実際にそのスポーツをやるならルールを知らなければ話になりません。英語もそれと同じで英語を使おうと思ったら、ルールを学んだうえで練習することが不可欠です。

文法を知らずに単語を並べただけでは、表現できる範囲は極めて狭くなり、幼稚な英語になってしまう。買い物で話す程度の英語なら、なんとかなるかもしれませんけど、仕事で使うとか、もっと深い内容の話をするには、文法知識がなければ、まず無理でしょう。

文法を知らないと、センテンスを作れないし、まともな会話はできない。仮定法なんて教える必要があるのかと不満を持つ生徒もいますけど、夢を語るには仮定法が要るし、丁寧に話したいと思ったら仮定法を使うことになる。

最近は中学・高校で文法を勉強する時間が減っているので、年配者のほうが文法を知っているとも言えます。その基礎は英語を学ぶ際に力を発揮するはずです。だから「英語の基礎はあるんだ」と自分の底力を再評価してもいいと思います。

文法

Q **急いで話そうとすると、文法的におかしなことを言いがちです。ちゃんと頭の中で組み立ててから話したほうがよいでしょうか。**

A **文法を知っていることと、それを使えることとは違うので、文法を間違えるのは仕方ないですよね。**仕事で正式な文書を書く場合には、辞書や文法参考書を使うこともできるので、きちんと文法に則《のっと》ったほうがいいでしょうけれど、ソーシャルメディアでは、会話のやりとりと同じくらいのスピードでメッセージをやりとりするので、文法やつづりの間違いがあります。冠詞が抜けたりもします。それでもコンテクストから意味は通じます。

文法にこだわって正確な文章を組み立てることに必死になるあまり会話が進まないとなったら、相手に失礼だし、肝心のコミュニケーションが失敗してしまう。

頭の中で「これは英語でどう言えばいいんだろう……」と考えることに没頭して、なかには天井を見てしまう人もいる。脳内で忙しく単語やフレーズを考えているのでしょうけど、相手はどうしてよいか困ってしまい、別のことを話し出すので、せっかく考えたことを話す機会を失いかねない。

とくにアメリカの英語母語話者は、沈黙が苦手な人が多いのか、間《ま》が空くと落ち着かず、沈黙を破ろうと話し出します。日本では、落語でも「間」を大切にしますし、沈黙は悪いことではないので、英語とは間の取り方が違うようです。

だからといって、英語母語話者のペースに合わせて急いで話そうとしなくてよい。

ただし、ただ黙っていると相手は不安になるし、他の話題に変えたほうがよいかもと考えてしまうので、それを防ぐには、ah, um, hmm など、とにかく声を出すこと。

英語ではこうした間を埋める filler words（つなぎ言葉）をよく使います。日本語なら「えーと」「あのー」という感じでしょうか。「今、考えているからちょっと待って」という合図ですね。こうして、意味はないけれど沈黙を避ける音を出していれば、聞き手は「この人は何か言おうと考えてるんだな」と分かるので、黙って待ちます。

つなぎだけでは間に合わなければ、正直に、I'm looking for a word in English.と白状するしかない。

英語での言い方を思いつかなければ、something like this などと身ぶり手ぶりを入れて説明してみる。そうすると相手が、「このこと？」と言葉をいくつか出してくれるので、対話が進むきっかけにもなる。

英語でなんと言うか知らない単語をアメリカ人にさんざん説明したら、その人は「うーん、英語でなんて言うんだろうね……。とりあえずstuff（モノ）って言うかな」と答えたので、脱力したことがありました。

もちろん、ハチャメチャ英語でいい、と言っているわけではないのですけど、会話をしているんだったら、「しゃべるが勝ち」の精神で、「間違えようとかまわない」くらいの度胸で突き進むしかない。そうやって話すことに慣れるのが大事なのです。

文法

Q 三単現のsを忘れそうになります。sは何のためにつけるのでしょう。

A **英語では、現在について語っている文章で、主語が三人称で、単数の場合、動詞の最後にsをつけるという規則があります。**これが「三人称単数現在形のs」、通称「三単現のs」です。

ではなぜ、sをつけるのかといえば、行為主体が一人称の「私」ではなく、二人称の「あなた」でもなく、第三者であり、一人であることを明確にしています。

そもそも英語は、単数か複数かを気にする言語なんです。

日本語では単数か複数かはそれほど問わないので、いちいち明示しませんが、年齢は気にします。

英語で sister といえば姉も妹も指しますが、日本語では「姉」「妹」と、年齢によって呼称が違います。

I have two brothers. と言われて、兄なのか弟なのか分からず、困った通訳者が発言したアメリカ大使に確認したら、「なんでそんなことを気にするのか?」と聞かれたという逸話があります。

一つか複数かを気にする英語と、それほど気にしない日本語。年齢を気にする日本語と、あまり気にしない英語。その言語文化の違いが、文法や語彙に反映されているのでしょう。

言語には、文化が含まれています。外国語を勉強するのは、ひいては外国の文化を勉強することでもあります。だからこそ難しいし、だからこそ面白い。

書くこと

Q　話す力をつけたいと思っていますが、自分で考えて「英文を書く」という行為は、英語を話す力につながりますか。

A　もちろんです。「書く」という行為は、頭の中で漠然と考えていることに形を与えることなので、日本語だって、書いてみると自分の思考が整理されます。書いてみて、これって何を言いたいか分からないな、と思ったら、自分が何を主張したいのかを分析して書き直してみる。とくに英語のように論理構成を重視する言語では、書いたものも話すことも論理が決め手になるので、まずは書いてみて論理的かどうかを見極める。それをもとに話してみると、理路整然として説得力があるので、相手に納得してもらいやすい説明ができます。英語を話す際に、まず書いてみることを実践しているのが坂東眞理子さんです。昭和女子大学総長という立場上、公式の場で英語を使うことが多いからでしょうが、頭の中で考えていることを整理するためにまず書いてみる。これは英語でも日本語でも同じとのことです。

他には、ギタリストのＭＩＹＡＶＩさんが、書くことを話すことに結びつけています。

ＭＩＹＡＶＩさんの例

ＭＩＹＡＶＩさんの英語力が卓越していることは、これまでも紹介してきましたけど、最初から話せたわけではないそうです。海外のライブ公演で話す英語は、はじめのうちは紙に書いていたそうです。たぶん、紙に書いたことをチラチラ見ながら話していたんでしょうけど、言いたいことを紙に書いてみる、というのは効果的なのです。

これを話すには、どの単語や語句が適切か、ということを考えながら書いてみる。そのプロセスが話す力につながる。今では、書かなくても長く話せるようになった、とのことでした。ＵＮＨＣＲの親善大使としてイベントに出演しているＭＩＹＡＶＩさんをＹｏｕＴｕｂｅで見たら、ギター演奏だけでなく、まったくメモなしで、難民の救済について熱く英語で語っていました。

書くこと

Q 英語で企画書を書いたら、上司からダラダラしていてよく分からないと言われました。どうすれば英語らしい文章を書けるのでしょうか。

A 英語は直線的な論理構成が基本ですので、「導入」(introduction) でまず自分の主張の概要を示し、提起した問題に対して賛成か反対かの立ち位置も明確にしておきます。

そうしておいて、本論 (body) では「なぜなら」と根拠や理由を述べる。最後は、「私はこういう内容を書きました」と、結論 (conclusion) でまとめるのが定石です。

こうした論理展開の文章作成法を、「パラグラフ・ライティング(paragraph writing)」と言います。

パラグラフとは、日本語の「段落」とは似て非なるものなので、日本語で書いてから英訳すると論理構成が英語ではなくなってしまい、英語母語話者が読むと、ご質問にあった上司のように、「ダラダラしていてよく分からない」となってしまいます。

パラグラフでは、最初の文章をトピック・センテンス（topic sentence）と呼び、ここで、そのパラグラフで何を話すかを予告します。

読者（スピーチなら聴衆）を引きつけるための attention getter が先に入ることもありますが、肝心なのはトピック・センテンスです。

さらに、いくつものパラグラフをつなげていく際も、同じような展開にします（詳しくは『本物の英語力』［2016年、講談社現代新書］を参照してください）。

肝心なのは、最初の導入パラグラフ。自分の主張や立場を明確に紹介する thesis statement が入っているので、時間がないときは、最初のパラグラフを読むだけで要旨が分かります。

後に続くパラグラフは本論で、資料やデータなどを提示しながら具体的な論拠を説明します。最後のパラグラフは結論で、これまで何を主張したかを簡潔にまとめます。

英語圏では、原則としてレポート、論文、企画書などは、パラグラフ・ライティングに基づいて書きます。

知っておくべきなのは、このような論理構成を求められるのは、文章だけでなく、口頭発表やスピーチなどでも同じだという点です。

日本人の話は、周辺の話や前置きが長く、何を言いたいのかが分からない、イライラするとよく言われますが、これは論理構成の問題です。

英語スピーチコンテストでは、発音や文法は問題ないけれど、論理の展開が日本的なスピーチが多い。これは、最初に日本語でスピーチ原稿を書いてから英語に訳すからでしょうね。ネイティブの先生にチェックしてもらっても、文法的な間違いは直してくれても、パラグラフ構成まで指導する人は少ないようです。大手術になってしまうからでしょう。

２０２３年の中学生全国学力テストの英語の結果を見ると、正答率が低かったり無回答が多い設問は、パラグラフ・ライティングを教えていれば答えられた、と感じました。

英語で発信できる人材を育てたいなら、英語の論理構成を教えることは必要です。

書くこと

Q 英語で文章を書く際は「主語が必要」と頭では分かっているのですが、日本語のクセが抜けず、文章を書く場合、主語をどうするか迷います。

A 日本語は、主語が省略されることの多い言語です。ところが英語は「主語＋動詞」という構造が基本になっています。ですから、慣れないうちは、常に主語を意識して文章を書くようにするわけですが、ただ、主語をすべて「私」にしてしまうと、文章が幼稚になってしまいます。

英語は繰り返しを嫌う言語なので、他の言い方を覚えれば、表現の幅が広がり、こなれた英文になります。

どのような表現を使えばよいかを知るには、質の高い英文を読むに限ります。

また、日本人にありがちなのは、英文を書く際、受動態（passive voice）にすることです。でも英語では、能動態（active voice）で書くのが常態で、受動態にするのは何らかの意図がある場合です。

例をあげると、Tony hit George.（トニーはジョージを叩いた）はふつうのセンテンスですが、George was hit by Tony.（ジョージはトニーに叩かれた）とすれば、視点はジョージに置かれ、ジョージが叩かれた事実を注視し、叩いたのがトニーであることは後から判明します。

もし誰がやったかを言いたくなければ、あるいは言えなければ、受動態にしてby以下を省きます。これは爆撃事件を伝える報道などで多用されますので、マスコミ報道の英語に着目してみるのも参考になります。

オバマ大統領が現役時代の2016年に広島を訪問した際のスピーチでは、アメリカが広島に原爆を投下したという事実は述べず、death fell from the sky（死が空から降ってきた）という表現で主語を変え、真の行為主体の存在をぼかしました。

スピーチの全訳は各紙に掲載されましたが、原爆投下の責任がアメリカにある点をオバマ大統領が回避したことに触れた解説は皆無でした。

書くこと

Q

英語で文章を書くとき、単語が浮かばないと、すぐネットで調べてしまいます。単語を思いつくまで、しばらく試行錯誤したほうが、力がつきますか。

A

そう、文章を書いているときに単語がすぐに思いつかないことってありますよね。母語である日本語だって、うーん、ここはどういうコトバがいいかなあ、と考えてしまうことってある。まして外国語は母語ほどの語彙はないから、思いつかないどころか、頭の中のデータベースに貯蔵されていないことだってあります。いつまで考えても何も浮かばないことってあるわけです。

それでも、知っている単語の可能性もあるから、少しは考えてみる。でも考えても何も浮かんでこなかったら、辞書でもネットでもよいから調べてみる。すると、まるで知らなかった単語や語句が出てきて、ひゃー、こんな英語にするんだ、と発見がある。

何か思いつかないか、と考えることも大事ですけど、忙しいときに「これって、英語でなんて言うんだっけ？　ああ、思いつかない、ダメだなぁ」と苛立つくらいなら、思い切って調べてみれば、これまで知らなかった単語と出会うかもしれません。

そうなったら、その初めて知る英単語がどういう意味で、どういうときに、どう使うのか辞書の用例を読んでみます。

もちろん発音もチェック。インターネットや電子辞書だと発音記号だけでなく、イギリス英語とアメリカ英語の両方を聴くこともできる。しかも語源から使い方から同義語、反対語や慣用表現まで情報が豊富なので、調べることに時間をかけるのも勉強になります。

英語学習は修行じゃないから、考えても単語が浮かばないとストレスになるよりは、さっさと調べる。調べたことをすぐに忘れてしまったら、また調べればいい。

それを何度も繰り返していると、「あれっ、この単語、見覚えある。そうだ、この前、調べたばっかりじゃないか」とすぐ忘れてしまう自分に腹が立つけど、ＡＩみたいに無尽蔵にデータを蓄積できないのが人間なんだと割り切って、以前は調べなかったことを追加で読む。

そうこうしているうちに、その単語はすっかりお馴染みになって、脳内データベースに長期記憶として保管されます。そうなれば、英文を書いているときに、ここは英語でなんて言うのかな、とちょっと考えれば、脳内データベースを検索してお目当ての単語が浮かぶはず。

そうやって、調べたり考えたりしながら、どんどん書いていくうちに、その英語は自分のもの、つまりマイ語彙になるから、聞いて分かるし、話すときにも活用できるようになります。

書くこと

Q　英語に限らず日本語も、最近は手書きする機会がほとんどありません。記憶に英語を定着させるために、手書きは有効でしょうか。

A　人間の記憶には「短期記憶」と「長期記憶」があるとされています。外国語学習では、長期記憶に貯蔵して、いざというときにパッと取り出せるのが理想だと、調べることについて答えた際に説明しました。

ところが、その場では覚えたつもりでも、それは短期記憶で、すぐに忘れてしまうことが多くて、長期記憶として残らないのが悩みですよね。

私自身の体験からの実感ですが、「手で書く」という動作は、長期記憶に貯蔵することに役立つ気がします。ですから私は、気になる言い回しや文章と出会うと、なるべくその場でメモするようにしています。

と記憶を連動させます。
また、私の場合、「読む」際も黙読だけではなく、「声に出して音読」して筋肉の動きと記憶を連動させます。

身体を使って学ぶと集中力も増して、記憶を強める作用があるように感じるのですが、同様の主張をしたのが、対照言語学の立場から英語教育を研究したラド（Robert Lado）です。

両親がスペイン人で21歳になって英語を学んだラドは、第二言語としての英語学習に関心が強く、「文字を書いて身体で覚えることが効果的だ」と、インタビューした際に強調していました。

近頃は、パソコンで入力するのが主流ですから、手書きをしなくなりました。私も、手紙で漢字を書こうとして忘れてしまって書けない、という経験がありますけど、そういう人は多いのでは？　読めるのに書こうとすると書けない。ただし、ひらがなやカタカナは書ける。それだけ漢字は難しいのですね。

で、英語学習ですけど、この単語や語句や慣用表現を使いたいと思ったら、喉や口を使って声に出してみたり、手を動かして書いてみたりして、身体に覚えさせるのがよいように思うんです。

韓国ドラマ「ナビレラ―それでも蝶は舞う―」（２０２１年）は、定年退職した男性が、子どもの頃に憧れていたバレエを習いたくなって、自分の孫くらいの年齢の若い男性ダンサーに弟子入りする話です。

おじいさんは熱心に練習を続け、念願の「白鳥の湖」を舞台で踊ることになります。ところが、本番の日に認知症が悪化してしまう。こんな状態で踊るのは無理だと周囲は考えるんですけど、若いダンサーは「おじいさん、僕と一緒に踊りましょう。練習したことは身体が覚えているから、大丈夫」と説得するんです。

おじいさんが、師匠である若者を見ながら、全力で「白鳥の湖」を踊る場面は、心に染みました。そして私は感動しながら、英語学習も身体で覚える部分がある、と考えていました。

語彙（ボキャブラリー）

Q 英語の文章を読もうとすると、知らない単語が出てきます。語彙を増やすためには、そのつど調べて暗記したほうがよいのでしょうか。

A 知らない単語が出てくるたびに調べて暗記することがいいかどうかは、何の目的でどんな英文を読んでいるかによります。

「読む」力を高めるためには「精読」と「多読」が有効だと説明しましたが、加えて、「速読」(speed reading) もあります。なるべく速く読んでおよその概要をつかむことが目的なので、新聞や雑誌の記事をざっと読んで大意を汲むとか、何か調べるために検索して情報を得るなどの場合に役立ちます。

「速読」や「多読」では、必ずしも、分からない単語をいちいち調べる必要はありません。すべて調べようとしたら、時間ばかりかかって、読める量も減ってしまいますし、だんだん面倒になって読むことが苦痛になりかねません。

ですから、軽い読み物ならば、多少分からない箇所があっても、どんどん読み進んじゃいましょう。全体として何が言いたいのかを把握する練習にもなります。

そうして読んでいるうちに、「この単語、何度も出てくるので気になるな。キーワードかもしれないから意味を知りたい」「見覚えがある単語だけど意味を忘れちゃったから、調べたい」という気持ちになったら、調べるようにすればいい。知らない単語や覚えていない単語は無尽蔵にあるので、そのたびに読むのをやめて調べていたら、先に進まないし、読書が楽しくなくなります。

ただし、分からない単語や語句を調べる際は、徹底的に調べるようにしましょう。というのも、どうも調べ方が雑な人が多いようなのです。

紙の辞書を使う熟年世代は少なくないと思いますが、若い世代はもっぱらスマホなどで検索するのが主流でしょう。どちらでも構いませんが、単純な単語であっても、語義や用法は多くあり、使い方によって意味が多岐にわたる場合が多いことは覚悟しておきましょう。

つい面倒で、調べたときに一番上の説明しか見ない人もいますけど、そうすると、読んでいる文章には合致しないことがあって、結局、その英文の意味が分からないことになる。ですから、すべての説明に目を通し、その単語や語句が、今、読んでいる文章ではどの意味で使われているのかを探すことが大事です。いろいろな鍵を鍵穴に差し込んでみて、合う鍵を見つけるという感じですかね。

また、動詞を調べたら、そこから派生する名詞や形容詞や副詞も調べる。逆に名詞を調べたら、動詞や形容詞も調べるといった具合に、周辺を調べることも忘れずに。一つの単語を調べることで、よく使われる慣用表現も覚えれば、語彙数が一挙に増えます。

調べた単語や語句を使えるようにするには、できれば書きとめておく。それも、使われている文例ごと書き写すのが理想的です。調べるのに時間がかかり、書き写すのにも時間がかかるので、やたらこの単語もあの単語もと欲張らず、厳選する。その代わり選んだ単語や語句を徹底的に攻略しておけば、映画やドラマで使われたのを聞いたり字幕で読んだりしたときに「あっ！　出た！」となるし、話すときに使うことも可能になります。

語彙（ボキャブラリー）

Q 難しい話題を話すとき単語が出てこず辞書で調べますが、英語講師からはシンプルな英語に修正されることも。簡単な英語表現を思いつくためのコツはありますか。

A 英語ネイティブ・スピーカーが日本人学習者の英語を聞くと「そんな難しい単語を使わなくてもシンプルな表現でいいのに」と感じるらしく、「やさしい英語でいいんですよ」と親切なつもりで直したりします。

でも、英語母語話者が「シンプルな英語」と考える単語や語句は、日本人にとってはかえって難しいことがあるんです。

端的な例が、「句動詞（phrasal verb）」。

句動詞とは、動詞に前置詞や副詞を組み合わせた熟語で、元の動詞とは違った意味になる、独立した意味の単位です。この句動詞、英語には頻繁に登場するんです。

分かりやすい例で説明すると、「屈服する」に該当する英語を和英辞書で調べるとyield や surrender などが出てくるのですが、give in という句動詞もあって、英語母語話者にはこちらのほうがやさしい日常英語のようです。

give という動詞は、「与える」「贈る」「手渡す」などの意味ですけど、句動詞のgive up は「諦める」など、もともとの give とは意味が違ってくるのです。

英語母語話者にとって、句動詞は日常的によく使う簡単な英語。日本人が学校で習ったり辞書で調べたりして使う単語は公式の場で使うことが多いので、難しいと感じるようです。

でも日本人にとっては、句動詞のほうが使いにくいかもしれません。「でっちあげる」は make up。でも make up for なら「埋め合わせる」だし、make up with なら「(誰かと) 仲直りする」。紛らわしい感じもして、決してやさしくはないですね。

句動詞を使えるようになるといいのですが、なかなか覚えきれないので、読んだとき、耳にしたときに調べて理解できるようにすればよい。難しい単語を使ったから悪いわけではない。自分が言いたい内容を表現してくれる英語ならいいわけで、むしろ特定の単語や語句がどのように使われていて、それぞれのニュアンスがどう違うかを、たくさんの英文に接して学んでいくのが大事だと思います。

第4章 自分に合った学習法を見つける

前章では、英語学習では具体的に何を学ぶのかについて、4技能から文法や語彙、発音など幅広く取り上げてみました。

第4章では、それらをどうやって学んだらよいか、という話をしたいと思います。結論から言うと、学習法は多くあるので、最も大事なのは、自分に合った学び方を見つけることです。

英語をどうやって勉強するか

Q 英語を習得するには、いろいろな勉強法を組み合わせたほうが得策でしょうか。組み合わせるとすれば、どのような組み合わせが理想的ですか。

A　組み合わせの前に、そもそもどんな学習法が向いているかは、人によって違います。「あの人があの方法で英語が上達したから」と真似してみるのは最初の一歩となります。自分に合っているか、自分にとって効果的かどうかは、試してみないと分からないから、ともかくやってみるしかありません。どうしようか悩んでいないで、試してみる。やってみて、どうもしっくりこないし、やる気がおきない、となったら別の方法を探す。

頑張ったつもりなのに結果的にうまくいかないとなっても、自分に能力がないと諦めず、違うやり方に切り替えてみると、今度の道はさっきの道より歩きやすくて前に進めるぞ、となるかもしれません。どんな方法を組み合わせるかも、本人が試行錯誤して見つけることです。

少し専門的な話になりますが、学習効果を高めるための意識的な工夫を「学習方略」と呼びます。

学習方略を見つけるには、自分自身を客観的に俯瞰《ふかん》して分析する「メタ認知能力」が不可欠です。つまり、自分自身を振り返って分析できることも能力の一つで、自分を知ることで自律性が生まれて、人に頼らず自分で工夫することができるようになる。

ちなみに、「ジリツ」には「自立」と「自律」の2種類があります。自分の足で立つことが「自立」で、他人に依存しないで行動することです。「自律」は、「自らを律する」こと。「自律性」（autonomy）とは「自分自身で計画を立てて、自分の考えで目的達成のために努力すること」で、内的な独立を指すと言えます。

ですから学習者を指導する立場にある教師や保護者は、すべてを自分が教えよう、などと身構えなくていい。なんでも手取り足取り教えるのではなく、本人が自分で考えて判断し行動できる自律性を身につけられるよう支えるのが役目です。そうでないと、いつも誰かに教えてもらわないと何にもできないということになってしまい、学校を卒業したら、何をどう勉強したらいいか途方に暮れてしまうことになりかねません。

「支えること」（足場かけ scaffolding）を分かりやすい例で説明すれば、自転車に乗る練習があります。最初は補助輪をつけたり後ろで誰かが支えたりしますよね。でも、そのうち一人で乗れるようになる。あの感じです。

いつまでも大人が後ろから押していたら子どもは自転車に乗れるようにならない。もちろん一人でこいだら最初はフラフラして転んだりするし、危うい場面も多くてハラハラするけれど、それでいい。何度も自力で挑戦しているうちに、自分でコツをつかめるようになる。そうなったら、あとはスイスイですよね。英語学習も同じ。

もう一つ車の運転の例を思い出しました。最初は教習所でゼロから習って、仮免許になったら路上で運転しますけど、助手席に指導者がいて細かく注意してくれます。そしてめでたく免許を取得したら、いつ止まるか、曲がるかなど自分で判断して運転します。

問題は、しばらく運転していなくてペーパードライバーになったとき、どう学び直すかですね。

私は大学入試に合格した勢いで資格試験に挑戦して、英検（実用英語技能検定）を受けたり通訳案内業の国家資格を得たり、運転免許もそういう資格の一つで取得しました。それで大学時代からずっと運転していたんですが、中断していた時期が何年かありました。

でも、そのうち、自分の車で移動できたら便利だという生活になって、やっぱり運転したいと思ったときに、どうしようか悩みました。免許証の更新はしていましたけど、いつの間にかペーパードライバーになっていたんです。

もちろん運転の仕方は知っているんですけど、頭で分かっていても、周囲の状況に合わせて運転しなければならないのに身体が反射的に動くかどうか自信がありませんでした。そしたら、なんと近所に住んでいる知り合いにペーパードライバーを指導してくれる人がいたんです。すぐに申し込みました。私が運転して、指導者のおじいさんは助手席。最初は近所、次は都心、そして高速道路、と段階を踏んで運転の学び直し。車線変更とか他の車を追い越すタイミングや方法など、久しぶりなのでやっぱり下手になっているのを、おじいさんはいちいち細かく指導してくれました。ミラー見て、ウインカー出して、右左確認して、とか。でも、最後に高速道路で遠出したときには、あまり何も言わず、無事に戻ってきてから「もう、一人で大丈夫」と言ってくれました。

運転の学び直しでも、やり方はさまざまあるでしょう。教習所に通い直してもいいし、講習を受けるとか、最初から自力でやってみるとか。でも私には、ほんの数回でしたけど、場面に応じた個別指導がありがたかったし、その後は自律しての安全運転ができたので、効果抜群でした。

効果的に学ぶには、自分に合った学習方略を自分で見つけることが秘訣です。自分にはどういうやり方が合っているのかを自分で探して見つける。もちろん、学校での英語学習は、先生を選べないし、宿題やテストがあるから自分が好きなようにはできないわけですけど、自習や独学なら自分で選べますよね。

学習方法は多様です。一つに絞る必要はないから、どっちにしようかなぁ、などと迷っていないで両方やってみる。気に入った学習法を好きなように組み合わせれば効果ありり。

そんな多様な方法で英語力に磨きをかけているのが、ロックギターのMIYAVIさんです。

MIYAVIさんの例

MIYAVIさんの現在は、多忙な仕事を続けながらいろいろな方法を組み合わせての実践と言ってよいかもしれません。

海外で人と会って、英語で会話する。ラジオやテレビ番組に出演して、英語の質問に英語で答える。舞台で聴衆に向けて英語で語ったり、スピーチをする。仕事の会議では英語での資料を読んだり、英語での説明を聞いたりして討論する。メールで英語のやりとりをするということは、相手のメールを読んで自分も書いている。ブログやSNSで発信するのも英語で書いている。つまり、「英語を読んで聞いて書いて話す」技能の練習を組み合わせて実践していることになりますね。

平岳大さんの例

仕事を続けながら英語に磨きをかけているもう一つの例が、俳優としてお馴染みの平《ひら》岳大《たけひろ》さんです。

ハリウッド映画や海外ドラマで活躍している平岳大さんは、高校・大学とアメリカに留学し、40代でハワイに住まいを移していますが、英文を声に出して読み、その音読を録音し、聞き直して発音をチェックすることを毎日続けています。

「英語がcomfortable（らく）になってくると〈英語ができる日本人〉の役がくるけれど、そんな役は限りなく少ない。英語が上達してネイティブに近づくにつれ、もらえる役の数が多くなる」とのことで、音読に加えて平さんが力を入れているのが「パラフレーズ」（paraphrase 言い換え）です。

「言い換えというのは、日本語でも自然に（誰もが）やっている」と平さんは説明し、

「（この台詞は）どういう気持ちで言っているのかを意識して言い換えをする」とのことです。

なるほど。演技というのは、特定の場面での台詞の意味や意図を解釈する営為であるわけですし、監督からアドリブを求められることもあるようなので、台本を読むときにパラフレーズすると役に立つのですね。英語での表現の幅をもっと広げたい、と考えている英語学習者に、パラフレーズ練習はおすすめだと思いました。

言い換えができるためには、英語を理解して表現するに足る語彙や言語文化の知識が必要なので易しくはないのですが、「太田光のつぶやき英語」では、「パラフレーズ入門編」として、司会の太田光さんと森川葵さんに挑戦してもらいました。

言い換えるための英文として、映画やドラマは状況などのコンテクストが明確なので、映画のTerminatorシリーズで有名になった台詞を選びました。

1作目ではターミネーターが警察署の受付で、“I'll be back.”と言い放った後、すぐに襲撃しに戻ってきます。その台詞を、森川さんは“I'll come again.”、太田さんは“I'll return.”と言い換えました。

もう一つ選んだ台詞は、名画「Titanic タイタニック」(1997)から。船が沈没して氷の海に投げ出された若者が、恋した女性に告げる“Promise me (that) you'll survive!”(必ず生きのびると約束して)。

森川さんが、“I love you.”と思い切った言い換えをしましたが、それに一言加えて“Live!”(生きて!)をつけると、彼の気持ちがもっと伝わるね、という話になりました。

平さんの言い換えは、“You have a great future. Don't let it go.”(君には素晴らしい未来がある。手放さないで)。さすがのパラフレーズでした。

平さんが、パラフレーズという難易度の高い練習を続けているのは、世界で通用する俳優になりたいという目的意識がはっきりしているからでしょう。

イギリスのドラマ「Giri/Haji」（2019）では、ロンドンと日本が舞台で英語と日本語が行き交うのですが、主演の平さんは流暢にしゃべろうと力む様子をまるで見せず、日本語の台詞と同じくらい自然体で英語を自分の言葉として話していたのが秀逸でした。

目標に向かって研鑽《けんさん》を積んでいる努力は、確実に演技に反映されていると感じます。ますますの活躍を期待しています。

世界で活躍中のお二人の例が示しているように、英語に取り組む方法は一つとは限りません。まずは多種多様なやり方があることを知り、仕事をしながらでも無理なく続けられる、自分ならではの方法を探しましょう。

英語学習と適性

Q 英語を習得しやすい人に、何か特徴はありますか。

A 「こういう人は英語習得に向いている」という特徴は、とくにありません。自分は社交的でコミュニケーション力もあるし、英語もそこそこできると自認している人が、クセがあって間違いの多い英語を使っていたりもします。

逆に、自分はコミュニケーションが得意じゃないし、英語もできないと言っている人が、分かりやすい英語を書いたり話したりすることもあります。ですから一概に、「こういう人が向いている」とは言えません。

「話すこと」に関しては、コミュニケーション能力の高い人のほうが上手だろうと思われがちですが、これもそうとは限りません。著名な同時通訳者の中にも、シャイで人見知りをし、ふだんは無口な人もいます。

台湾の作家が書いた“Quiet is a Superpower”(Jill Chang)は、台湾だけでなくアメリカでもベストセラーになっているというので読んでみたところ、コミュニケーション能力と性格について多くの示唆を得られました。

ビジネス界では、社交的で積極的に話す外向的な性格が成功するといわれ、東アジア(日本も含まれます)のような内向的文化の出身者はアメリカのような外向的な国で仕事をすると苦労する、と著者は自らの体験を振り返って語ります。

でも、アメリカ人でも内向的な人はいるし、引っ込み思案で物静かな内向的タイプは、間髪を入れず発言したり自己主張をするのは苦手だけれど、沈着冷静で物事を深く考える良さがある、としています。

興味深いのは、学校での成績で、きちんと出席すれば評価される東アジアの教育と違い、アメリカでは授業中の「参加」(participation)が大きな割合を占めていて、自身を内向的だと認めている著者がアメリカのビジネススクールに入学し「こういう教育制度は内向的な学生には向いていない」と慨嘆《がいたん》していることです。

ただし、著者によれば、これまでは話すことに長けていることがよしとされたウォール・ストリート（Wall Street）式は、徐々にシリコン・バレー（Silicon Valley）式に取って代わられつつあって、マイクロソフトをはじめ、社員それぞれが独自に考えることを尊重する企業が増えてきている。これからの社会では外向的な人間と内向的な人間が相互に補完し合うことが大切だとしています。

信じていただけないかもしれませんが、私も、子どもの頃から人見知りするタイプでした。同時通訳者になって、テレビ局や通訳派遣会社の人から、「あなたみたいに人見知りだと仕事は来ない」と、注意されたこともあります。

そこで、意識して誰とでも話せるようになる努力をしたので人見知りだと言われることはなくなったんですが、今でも、立食パーティーなど不特定多数と話さなくてはいけない場は避けがちです。知らない人と接するのも、決して得意ではありません。なのに「よくしゃべる」と評されるので矛盾している感じですけど、一人で黙っていることは平気なので、内向的な性格と外向的な面がゴチャ混ぜになっているような気もします。

でもそうした性格が、英語を習得するうえで不利だったかというと、そうでもない。それほど社交的ではなかった分、あまり気を散らすことなく、興味があることに打ち込めた、という側面もあります。

必要なのは、好奇心ですかね。これはどういうこと？　どうなってるの？　と知りたがる好奇心がないと、プロ通訳者や研究者には向いていないように思います。通訳者をやめた後も、好奇心は研究を進める原動力になっています。

NHKの英語番組に長らく取り組んでいますけど、その都度、テーマが違うので、めちゃくちゃ調べます。調べたことの全部を放送で話す時間はないのですが、それでも調べておくと発言の内容に反映されるし、何より調べると、それまで知らなかったことを学べて面白いので、英語での情報を読んだり聞いたりして仕入れます。

知的好奇心があれば、興味を持って学び続けられる。それさえあれば、どのような性格の人であれ、英語を習得することは可能です。

受験英語

Q 受験勉強は「使える英語」に役立っているとは思えません。もっと「使える英語」を学びたいのですが、どうすればいいのでしょう。

A そもそも「使える英語」とは、どのようなものなのでしょうか。

買い物や道案内ができることを「使える英語」と考えるのか。仕事の報告書を英語で書いたり、英語でメールのやりとりができることなのか。それとも、海外の人と会議や交渉をこなせる能力があることを指すのか。

目的や職種によって、求められる英語力は違うはず。ですから人によって、何をもって「使える英語」と考えるかは、それぞれです。ただ、どうやら多くの日本人は、日常英会話ができることを「使える英語」と考えているふしがあります。

そのうえで、受験と英語についての質問です。

私の答えは一つ。受験英語は、決して無駄ではありません。「使える英語」の土台作りになります。

受験英語と英会話は、無関係ではありません。きちんと会話をするために必要な基礎は、受験のための英語学習に入っています。たとえば過去形と過去完了形の違い、接続詞や関係代名詞の使い方などは面倒で、「こんなの要らない」と言いたくなるかもしれませんが、すべて「使える英語」に必要なものです。

それに受験勉強に出てきた単語や語句は、知っておいたほうがいいものばかりです。それが会話でうまく使えないのは、「受容語彙」と「産出語彙」が異なるからです。

受容語彙とは、読んだり聞いたりして理解できる単語やフレーズのこと。受容語彙の全部が、実際の発信に使える産出語彙ではありません。発信するのに使える語彙は、理解できる受容語彙の一部でしかないのです。

英語に限らず、脳のメモリーに貯蔵されているはずだけれど、パッとは引き出せない、「知っているのに言葉が出てこない」と歯がゆい思いをした経験は誰にでもあるはずです。これが、知っているだけの受容語彙と発信に使える産出語彙の違いです。

発信するための語彙を増やすには、「受容語彙を増やす」「受容語彙を繰り返し使う」の2つの作業が必要です。

受験英語はこの2つのうち、「受容語彙を増やす」、つまり「読んだり、聞いたりして分かる語彙」を増やすことに役立っているのです。受験勉強をしていると、本人が思っている以上に、受容語彙は貯《たくわ》えられている。

その受容語彙を発信語彙に変えるのは、「受容語彙を繰り返し使う」ことです。

読んで知った単語や語句を書いてみる、声に出して言ってみる、そしてできたら実際に使ってみることで、その語彙は長期記憶として定着する。脳内データベースに貯蔵されて、必要なときに検索すると出てくるようになります。

小島よしおさんの例

受験英語の土台を感じさせてくれたのが、「そんなの関係ねぇ！」で一世を風靡《ふうび》した小島よしおさんです。コロナ自粛をきっかけにYouTubeで「おっぱっぴー小学校」

を開設し、子どもたちに分かりやすく英語や算数を教えています。

小島さんは沖縄出身で、お父様は語学学校の校長。ですから、子どもの頃から英語は身近だったようですが、早稲田大学教育学部を目指して、しっかり受験勉強したこともおおいに役立っているのが、「つぶやき英語」の収録スタジオで話したり書いたりした英語で分かりました。日常会話から仕事に使える英語に脱皮しつつある小島さんは、お笑いの世界での体験を生かしながら子どもたちに楽しく英語を教えようとしています。

森迫永依さんの例

実写版「ちびまる子ちゃん」（２００６年）で主役のまる子を演じた森迫永依《えい》さんは、志望大学に合格したい一心で英語を猛勉強したそうです。めでたく入学した上智大学国際教養学部では授業が英語なので、英語の勉強は必須。受験時代から進学後も、読み書きを含めた英語の力をつける努力をしたようです。

昔とった杵柄《きねづか》

Q 以前、英語を勉強してからブランクがあります。昔習ったことは無駄にはならないのでしょうか。

A 無駄にはなりませんよ。以前に少しでも勉強したことのある人のことを、英語でfalse beginner（初心者のように見えるけど、実際は前にやったことのある人）といいます。自分ではすっかり忘れていると思っていても、初心者ではない。中学や高校でやったことは、ちゃんと残っているんです。

英語以外の言語を新たに勉強した人が、よく「スペイン語をやってみたら英語よりラクでした」「中国語は英語よりラクでした」などと言います。

スペイン語やフランス語の場合は、ラテン語由来を共有しているからということもあるでしょうけど、その他の外国語でもラクに感じるのは、英語を勉強した経験があるからです。自分では認識していなくても、外国語を学んだ経験が残っているので、２番目の外国語は学習しやすくなる。ましてや同じ英語なら、忘れたつもりでも絶対に何かしら残っています。ですから、学んでいるうちに徐々に思い出してきます。

そういえば、子ども時代にピアノを習っていた人が、大人になって習い直すことが増えているようですね。私も子どもの頃、ピアノを習っていたんです。ピアノの才能はないし練習は好きでなかったので小学校３年生くらいでやめてしまったんですけど、大人になってから、「エリーゼのために」や「乙女の祈り」を弾いてみたら、なんとなく覚えてる、というか指が覚えているので、びっくり。

練習しているうちになんとか弾けるようになると、やっぱり嬉しいですよね。10年以上前にひどい風邪をひいて声が出なくなってつらかった日々、ピアノを弾いたら気分が晴れたんです。それ以来、心が後ろ向きになりそうなときに弾いて、発散しています。

ピアノと英語は違いますけど、少しでもやったことがあると何かが残っている、というのは共通しているかも。ゼロから勉強するのとは、まるで違うのですよね。

そうか、土台は残ってるんだ、と強気になって、英語との再会を楽しんでください。

英語学習に年齢はない

Q 歳のせいか、新しいことを覚えるのに時間がかかるし、すぐ忘れます。中高年向きの英語勉強法はありますか。

A あの、「歳のせい」とか言うの、やめません？

中学生は記憶力が抜群の年代ですけど、それでも英語についての悩みを聞くと、「単語が覚えられません」「暗記が苦手なので英語は嫌いです」という答えが多い。若いからといって、すんなり覚えられるわけではないのです。

そもそも日本人は、年齢を気にし過ぎじゃないですか？　知的好奇心や「学びたい」という意欲に、年齢は関係ない。

世界でシニア世代がどれだけ活躍しているかを、ソーシャルメディアで見てみてくださいな。

歌やダンスやスポーツなど好きなことに夢中になるのは若者だけでなく、70代でも80代でも同じ。アメリカの連邦最高裁判事だったギンズバーグさん（RBG：Ruth Bader Ginsburg）は、87歳で亡くなるまで現役で、女性の権利を守るため社会に貢献していました。

英語をやりたいと思ったら、まずは年齢を忘れましょう！

さて、「覚える」という問題に戻りましょうか。老いも若きも英語学習者にとって悩みの種のようですから。

私はね、極端なようですけど「忘れてもいい」と思っているんです。今の時代、思い出せなかったら、スマホやパソコンで簡単に検索できちゃう。出てきた情報を見て、「そうそう、これだった」と思えばいい。そうやって検索したり辞書で確認しているうちに、やがて記憶に刷り込まれます。

認知症を予防するためには、思い出せない固有名詞などをなんとか自分で思い出したほうがいいという説もありますけど、個人的にはもう少し融通をきかせてもいいように思っているんです。なにも森羅万象すべてを頭の中にたたき込んで「生き字引」になる必要はないのだから。

無理に暗記しようとして覚えられない、すぐに忘れる、と自己嫌悪に陥ったりするようでは、本末転倒でしょう。「やっぱり自分はダメだ」とどんどん気持ちが暗くなって、やる気がなくなってしまう。そんなのは残念です。暗記できないくらいで自己を否定することはない。

それに「勉強」だと思って覚えようとするから、面白くなくなる。たとえば海外のドラマや映画を観て、「なるほど、この慣用句はこういうときに使うのか」「あっ、この表現、使ってみたい」とメモをとったりしていると、自然に頭に入ってきますよ。

映像作品の活用法については88ページで詳しく説明しましたので、ぜひ試してみてください。

「覚えられない」「忘れてしまう」などと愚痴っているヒマがあるなら、1ページでも多く英語の本を読んだり、10分でもいいから英語を聞いたり書いたりしたほうが得策です。

水野丈夫《たけお》・東大名誉教授は、東日本大震災以来、中央教育研究所による避難児童生徒支援の一環として小学生に「いのちの授業」をして、生命誕生の神秘から命の大切さを教え続けています。

私も同じ支援活動で講演した際に見学してみたら、水野先生は授業を始めるときに「この授業は覚えようとしなくていいです。ただ私の話を聞いて、分かればいいのです」と子どもたちに挨拶なさったのです。

その理由を後から質問したら「無理やり暗記したものは忘れるんです。分かったものは忘れません。聞いていて面白かったら、それでいい」。

目からウロコでした。面白かったらよく分かり、ずっと心に残る。それでいいのですね。

ちなみに水野先生は、昭和２（１９２７）年生まれの96歳。２０２３年現在、ＮＨＫのラジオ講座でフランス語とドイツ語を聞くのが日課だとか。教えるだけでなく学ぶことの達人でもあります。

英語の辞書

Q 英語を学ぶには、どんな辞書がおすすめでしょうか。

A 英語に取り組もうとしている人の中には、高校時代や大学時代に使っていた辞書を大切に手元に置いている方もいると思います。 愛着もあるだろうし、モノを大事にする精神は見上げたものです。

ただ辞書に関しては、20年、30年と経ったものを使うことは、おすすめできません。言葉は、時代とともに変化します。20年前の辞書には、まさに今、使われている新しい言葉や、最近の表現などは載っていません。

言葉は生きているので、単語は昔からあるけれど、違った意味で使われるようになることもあります。

ですから、できれば新しい辞書を買う出費は惜しまないでほしいのです。辞書は場所を取ると思うなら、電子辞書もおすすめです。

もし出費が惜しいなら、インターネットの辞書を活用する方法もあります。ただしネットの情報は玉石混淆《ぎょくせきこんこう》なので、信頼できる辞書を使うようにしましょう。

英和辞書だけではなく、ぜひ使いこなしてほしいのが、英語を英語で解説する英英辞書です。英英辞書を使うと、細かいニュアンスが理解できますし、さまざまな例文や語源なども調べられます。

Oxford Advanced Learner's Dictionary や Longman Advanced American Dictionary などは図解入りの解説もあって面白いし、参考になります。

英英辞書を使うもう一つの利点は、ある言葉を説明するときに、どんな英文が使われているのかが分かる点です。つまり辞書をしっかり読むことで、文章を「書く」場合の参考にもなるのです。

「読む」力だけではなく、「書く」力を養うためにも、英英辞書は役に立ちます。

上白石萌音さんの例

「太田光のつぶやき英語」で、上白石萌音さんに「とくに大事だと思った英語学習法はありますか？」と質問したところ、「英和辞書だけではなく、英英辞書で調べることの大事さに気づきました」という答えが返ってきました。

英語の単語を英語でどう説明しているかを調べると、単語や語句の細かいニュアンスがよく分かる、というのです。とても大切な気づきだと思いました。

英和辞書だけで調べていると、日本語のイメージに引きずられがちです。英英辞書でマメに調べることで英語のニュアンスを理解すると、「どんな日本語が該当するだろう」と考えるうえで、おおいに役立ちます。

上白石さんがあげた例に、『赤毛のアン』の翻訳（117ページを参照）があります。アンが発したWonderful! の訳語に悩んで、英英辞書で定義を調べたら、Very good, pleasant or enjoyable とあって、very good でもいいんだ、とびっくりしたとのことでした。

上白石さんは、この翻訳企画に取り組んでいた2年間、忙しさのあまり何度も「もう無理かも！」と音を上げそうになったとか。そんなときは、「翻訳家に憧れているからチャレンジしたいと言い出したのは自分だ」し、「ミュージカル『赤毛のアン』に出たとき、本当に楽しくて、『赤毛のアン』が大好きになったのだから」と、自分を励まし続けたとか。

さぞかし大変だったと察しますが、2年間の積み重ねで、翻訳という作業を通して英語力が総合的に伸びたはずです。その努力に敬服します。

第5章 訳すということ

第4章で翻訳の話が出たので、この章では、もう少し「訳すこと」について掘り下げたいと思います。

『赤毛のアン』の翻訳

上白石萌音さんとお会いした際、私は「つぶやき英語」の収録スタジオに村岡花子訳の『赤毛のアン』を持参しました。

翻訳とは何かを説明するうえで参考になると思うので、『赤毛のアン』の翻訳を例にお話しします。

『赤毛のアン』で、アンがWonderful! と声をあげる場面があります。上白石さんは最初、それを「すばらしいわ」と訳したのですが、指導に当たった翻訳者の河野万里子さんから「11歳の女の子が、すばらしいなんて言うかしら」という反応が。そこで上白石さんは、「夢のようだわ」と訳し直しました。

私の解釈は、やや異なります。アンは11歳とは思えないくらいおませな女の子で、大人でも知らないような難しい言葉を連発して、いつも周囲を驚かせます。ですからアンなら「すばらしい」くらい言うのではないかという気がします。

村岡花子さんの訳も、原語を生かした「すばらしい」という訳語です。読書が大好きで大人びたアンなら使う、と考えての選択だったように推察します。

翻訳というのは（通訳も同じですが）、翻訳者・通訳者によって解釈に幅があり、選ぶ訳語も異なってきます。明らかな誤訳は別として（著名な翻訳者でも誤訳はあるので要注意ですが）、翻訳に唯一の正解はないので、訳者は各種の英和辞書、英英辞書を参照しながら、訳語の選択に心血を注ぎます。

だから翻訳や通訳をすることは、2つの言語を行ったり来たりしながら、それぞれの言語が持つ意味の違いや間に横たわる溝を体得することになるわけで、英語を学習するうえで欠かせないことです。

ところが近年の英語教育行政では、「訳すことはよくない。英語は英語のままで教えるべき」という意識が色濃く反映されていて、文部科学省の学習指導要領でも「英語の授業は英語で行うことが基本」と明記されています。

つまり英語の授業で日本語を使ったり、ましてや日本語に訳したりすると、英語が話せなくなる、授業中は英語で会話をするべきだということになります。

文法を教えて訳読ばっかりしているから日本人は英語が話せない、という思い込みは簡単に払拭できない感じですけれど、話すことを含めて外国語を使いこなしているプロ通訳者は、長崎の「通詞」時代から、専門とする外国語を訳読していることを想起してほしいものです。

ドイツの神学者であり哲学者のシュライアマハー（Friedrich Schleiermacher, 1768-1834）は、翻訳には大きく2種類あると述べています。一つが「著者を読者の側に連れていく訳」、もう一つが「読者を著者の文化へ旅させる訳」です。

前者は読者にとって分かりやすく読みやすい訳文になりますが、著者の書いた原文とズレが生じる可能性があります。「翻訳は裏切る」と言われる所以《ゆえん》です。

逆に後者は、原文に忠実で著者の文化も反映されますが、ゴツゴツした訳文で読みにく、読者にとっては異質性が大きくなります。
『赤毛のアン』を例に説明すると、原題は〝Anne of Green Gables〟、直訳すると『緑色の切妻屋根のアン』となります。これでは、日本の読者にはピンときません。日本に初めてこの本を紹介した村岡花子さんは（おそらくは悩んだ末に）、読者にとっての分かりやすさを優先して『赤毛のアン』という書名にしました。「赤毛」なのが嫌でたまらない女の子の物語であることを表す名訳です。

　これは大成功で、日本人の心を惹《ひ》きつけ、大人も子どもも夢中になって読みました。

　翻訳も通訳も、異文化と異言語を解釈し表現する行為です。母語と外国語の両方の言語力が必須で、当然ながら2つの異なる文化に対する深い洞察が求められます。すなわち通訳者と翻訳者は、「異文化コミュニケーション」の最前線で活躍する専門家にほかなりません。

　それを考えると、英語を学ぶうえで、「訳す」ことはこれ以上有効な勉強はないとさえ言えるくらいです。

Q

日本語を英語に訳す場合、適切な言葉が見つからないことがあります。たとえば「迷惑」とまったく同じニュアンスの単語は、ない気がするのですが。

A

言語が違えば、辞書では同じ意味（等価）だとされている単語や語句でも完全に同じということはありません。言語が違えば「等価」にはならない。必ず、意味のズレがあります。

日本語の「迷惑」が英語にならないのは、「迷惑をかける」という概念が日本語と英語では異なるからです。中国語には「迷惑」という単語は存在するそうですが、意味が2種類あって、使い方を間違えると相手を不快にさせることもあるようです。

１９７２年に田中角栄総理が日中国交正常化交渉で訪中した際に「わが国が中国国民に多大なご迷惑をかけた」と謝罪した日本語が、中国語では軽い意味の「迷惑」に通訳され、中国側は凍りつき周恩来首相は激怒した、という外交上の失敗もありました。

英語の house は日本語では「家」と訳されますけど、話し手がどういう「ハウス」を頭に描いているかはまちまちです。アメリカに留学したときにお世話になった家は中流家庭でしたけど、広い居間にダイニングルーム、キッチン、寝室がいくつもあって地下に娯楽室もある。日本のような塀や玄関はない代わり、近隣の家々と同じく広々とした芝生の庭があって、裏庭では子どもが遊んだりバーベキューをするし、車が何台も入ったガレージがある。日本の家とずいぶん違うという印象が強烈でした。1979年EC（欧州共同体）の非公式報告書で「日本人はウサギ小屋（フランス語で cage a lapins、英訳は rabbit hutch）とあまり変わらない家に住んでいる」と表現されましたが、どういうこともない単語でさえ、これほど指し示している実体が違うわけですから、厳密に考えたら、翻訳なんて不可能だと思えるほどです。

小説『雪国』で「国境の長いトンネルを抜けると雪国であった」の英訳が、川端康成の日本語とは違っている話を第1章で紹介しました。主語がなくても成立する日本語と、主語が欠かせない英語との決定的な差異を埋めるために、日本語にはない主語を「列車」と解釈した苦肉の策と考えられます。

でも、日本語では明らかになっていない主語が果たして「列車」なのか、主人公なのかは微妙なところで、ここに翻訳の難しさがあるわけですね。

太宰治の『斜陽』では、村の医者が往診で履いていた白足袋《しろたび》を、ドナルド・キーンはwhite gloves（白い手袋）と意訳しました。英語圏にはない足袋をどう訳すか、きっと苦しんだでしょう。しかも白です。「白いソックス」と英訳したら、医師が正装している様子が消えてしまう。そこで英語圏で正装となる「白手袋」に変えたのでしょう。でも、この英訳には賛否両論あります。白い足袋を履いたのは医師という職業による当時の習慣だという説、足袋の使用をめぐる歴史的変遷についての議論などもありました。原語の文化に独特な用語を、どう異言語に翻訳するかは、訳者の判断に委ねられますが、その際の基準は翻訳の目的によるといえます。

ここまで「訳すこと」について話してきましたけど、そういうことは、今は機械翻訳がやってくれるよ、という声が聞こえてきそうですので、次にＡＩ（Artificial Intelligence 人工知能）を取り上げてみます。

AIを活用する

Q 翻訳ツールの性能が向上しており、海外でも困ることが減りました。そういう時代にあって、英語を学ぶ意味はなんでしょうか。

A そうなんですよね。最近の機械翻訳はめざましく進歩してきていて、外国語から日本語、日本語から外国語へと瞬時に訳してくれます。

スペイン人と結婚したお嬢さんのいる友人が、義理の息子にメールを出すとき日本語で打ち込んでスペイン語に機械翻訳してみたら、いつの間にスペイン語ができるようになったの？　と驚かれたそうです。

機械翻訳に音声変換技術を組み合わせたポケトークのような小型通訳機なら、70くらいの言語に対応していて、日本語で話すと希望の言語に変換してくれるし、必要な外国語を日本語に訳してくれる設定もできます。小さな画面に文字で表示される上に音声も聞こえます。英語ならイギリス英語かアメリカ英語かも選べます。自分がまったく知らない言語を話す人と会うときに使えるので助かります。

アメリカのドラマ「エミリー、パリへ行く」(Emily in Paris)でもフランス語ができないアメリカ人がパリに転勤して、スマホに英語で話してフランス語に訳してもらっている場面が登場します。もっとも、これはフランス企業の上司や同僚にはひどく不評で、フランス語ができないのにパリで仕事しようってわけ？　と批判されてしまいます。だから、機械翻訳や自動通訳は便利ではあるのだけれど、マイナス面もあることは知っておくほうがいいと思います。

まずは、「ＡＩ（人工知能）による機械翻訳には限界がある」ことを知る。ＡＩは、膨大なデータを瞬時に検索する能力は人間の力を凌駕《りょうが》しているので、あっという間に翻訳してくれますけど、ＡＩに任せただけでは、誤訳があったり、妙な表現を使っていたり、いい加減な訳だったりします。

私も苦い経験があります。Ｆａｃｅｂｏｏｋで、気づいただけでも二度あるんです。日本語で投稿したのに、アメリカの友人が「国名の前にaがついていたけど、間違いだから一応知らせるね」とコメントしてきたんです。びっくりして「私は日本語で投稿していて英語は書いていませんし、いくらなんでもそんな初歩的な文法の誤りはしない」と返信したら、別の友人が「私たちがアメリカであなたの投稿を読んでいるのは機械翻訳だから、意味不明なことが時々ある」って知らせてきたんです。

2回目は、この程度の日本語なら機械翻訳でも大丈夫だろうと日本語だけで投稿したら、アメリカの親友が「わけわからない英文で、あなたの名前さえ違っていた」とスクリーンショットでその英訳を送ってきました。読んでのけぞっちゃいました。「鳥飼玖美子」という漢字が読めなかったようで、とんでもない名前になっているし、投稿内容は英語で読むと、まるで支離滅裂。それ以来、日本語と英語の両方で投稿するようにしています。

第2章で詳しく説明した通り、人間のコミュニケーションは複雑きわまりないのに、AIはコンテクストを読まないし、読めない。話者の意図を推察なんかしないし、できない。

人間の通訳者は、「今、ここ」でのコミュニケーションが、どのような目的で行われ、どういうコンテクストの中で起きているのかを把握したうえで訳します。

話し手や聞き手はどういう人で、それぞれどのような文化を背負っているのか、二人の関係性はどうなのか、話し手はどういう意図で発言しているのか、といったさまざまな要素を勘案し、言外の意味を察したりして配慮します。そうでないと、意を尽くした翻訳や通訳はできないのです。そこにＡＩの限界があるのですね。

人間は言われたことの裏にあることまで想像したりするけれど、ＡＩに想像力はない。だから、適切な訳出には人間が要ります。機械が翻訳した後に人間が手を入れて編集するpost-editingや、ＡＩが訳しやすいように原文をあらかじめ編集するpre-editingもあります。

ＡＩ時代に日本人が英語を学ぶ意味があるのか、という質問の答えは、この辺にありそうです。

つまり機械翻訳であっても、人間が関わることで質が向上する。ＡＩができないことはあるので、それを人間がやる、ということになります。

日本人の多くが考える「英語が使えるようになりたい」とは、「英会話ができるようになりたい」を意味しているのでしょうが、その英会話のレベルが、外国の人とちょっとした雑談（small talk）をする、あるいはレストランで注文するといった程度であれば、AI通訳機のポケトークや、スマホのアプリで可能です。

そうなれば、AIが訳してくれるのに、「英会話」ばっかり何年も勉強する必要があるのか？　小学校から始めて中学校、高校、そして大学まで、英会話学習に膨大な時間とエネルギーをかける必要があるのか？　という疑問が出てきて当然です。だから学校英語教育のあり方を再考する時期にきていると思います。

それは2023年現在で文部科学省が考えている、「英会話の相手として対話型AIを活用する」などを超えた、もっと長期的で根本的な英語教育の見直しです。

これからの学校教育で、中学生は英語の基礎を学ぶ必要はあるでしょうけれど、AIができないことの「何を」教えたらよいのか、探究する時期にきています。

さらに高校や大学で英語を必修にする価値があるのか。英語以外の外国語を選ぶとか、他の専門分野に集中するとか、選択肢を広げたらよいと思います。

ＡＩは便利だけれど、でも、やっぱり人間でないと無理、という分野はあります。たとえば戦争や平和など世界中の人々に多大な影響を及ぼす外交交渉や、企業の命運がかかった商談などは、微妙な言葉の使い方で成否が決まったりするし、失敗は許されないので、ＡＩには任せられません。どうしても人間の通訳者が欠かせない。

すると通訳や翻訳ができるような人材を育てる必要は、これまでと変わりない、というか、最近の国際情勢に鑑《かんが》みれば、これまで以上に大きくなります。

それ以外の場でも、ＡＩの仕事を管理して判断する人間が、かつてないほど求められます。

最近は、生成型ＡＩが世界中であっという間に普及して、絵画や音楽などの芸術分野にまで使われるようになり、著作権の対策が追いつかないほどです。生成ＡＩの一種である対話型ＡＩの登場で米国ニューヨーク州の裁判所では偽判例が使われたし、メディアで偽情報が拡散されやすくなる懸念もあります。ベルギーではＡＩと対話した後に男性が自殺した例もありました。

EU（European Union）の欧州議会は2023年6月に、AIの開発や運用を規制する「AI法」修正案を採択しています。最終案の採択は2024年春までとされていますけど、AIの性能は日進月歩なので、改訂が必要になりそうです。

レポートや論文をAIが書いてしまうことが現実になってきたので、教育機関での対応も急務です。各大学は相次いで指針を公表しているし、文部科学省は学校向けガイドラインの原案をまとめています。

でも、AIの使用を禁止したところで、ここまで世界的に普及したら使う人は必ずいるし、すでに生成AIは欠かせない存在になっています。

しかも今の若者はデジタル世代ですから、アナログ世代と違って、生成型にせよ対話型にせよ、気軽にどんどん使うはずで、生徒や学生に使用を禁止しても、その効果はどうでしょうか。

学校側として困るのは、AIが作成したかどうかを見抜くのが難しいことです。ただ、少人数クラスで学生をよく知っていれば「この学生が、こんな文章を書くわけない」と見抜けるし、英語の課題なら、「この学生が書ける英文ではない」とすぐに分かります。

見破るアプリが開発されたりもしているけれど、それを超えるようなＡＩが登場するだろうから、その可能性を見据えたうえで、対応を考えるしかない。

たとえば、レポートにＡＩが使われたかどうかは見極められないことを前提に、レポート提出時に原稿なしで口頭発表させる、個別面談で内容について質問するなどが有効ではないでしょうか。

逆手にとって、ＡＩ作成の文章を授業で教材にして、批判的に分析させるのも一案でしょう。

今後は、これまで以上に教育者の判断力や指導力が求められるし、学生がＡＩの成果物を批判的に読んで、自分で考えて判断する力（critical thinking）を育成することが教育する側に求められます。

ＡＩについて考えると、やっぱり英語力は必要なんですけど、それが「英会話」であるかどうかは別問題です。将来の世界を見据えて、どのような英語を学ぶべきなのか、知恵を出し合うべき時代に入ってきました。

ChatGPTと英語学習

Q

ChatGPTなど生成AIは、英語を習得するのに役立ちますか。

A

はい、上手に使えば役立つと思いますよ。

今や対話型AIが話題沸騰で、ニュースでChatGPTについての記事を見ない日がないくらい。

あまりに急激な進歩で世界中に普及しているため、著作権侵害の恐れや偽情報の扱いなどの課題が山積しています。ＥＵはかなり詳細な指針を公表しましたけれど、最終文書というよりは、新たに出てくる課題への対応を加える余地を残している印象です。

日本を含め各国で対応を検討中ですが、これまでの歴史を振り返っても、技術革新を止めることはできない。どう賢く使いこなすかが肝心でしょうね。

そこで質問にお答えすると、私はＣｈａｔＧＰＴのような対話型ＡＩを英語学習に活用することは可能だと考えています。日本語でのデータはまだ少ないので誤情報も多い。だから、英語で対話するほうが豊富な情報をもとに綿密に答えてくれるのです。

それに英語で質問を打ち込めば、英語を書く練習になるし、瞬時に返ってくる回答は膨大な情報から検索していてかなりの分量なので、英語を読む練習になります。自分の聞きたいことに答えていなかったら、それを質問したのではない、と英語で打ち込むと、

I apologize.（お詫びします）と謝ってきて、かわいい。

試しに、「英語を流暢に話せるようになるには、どうしたらいい？」と英語で聞いてみたら、こんな答えでした。

Becoming a fluent speaker of English requires time, effort, and dedication.

「時間と努力と専念することが必要」だと、最初から釘を刺してきたのには笑っちゃいました。

そして次に「英語を話す機会を作りなさい」など具体的なアドバイスがいくつかあったんですけど、「英語を読んで書くことで、語彙や文法、英語全体の理解が向上します」って、言ってきた。もしかして、私の本を読んでる？ そんなわけないか。

Read and write in English: Reading English texts and writing in English will help you improve your vocabulary, grammar, and overall understanding of the language.

ただ、アドバイスをすべて読んで感じたのは、関連したデータを検索して並べているだけらしく、首尾一貫していないこと。「読み書きが大事」と答えたすぐ後に「発音に集中しなさい」とアドバイスしたり、「英語学習アプリを使いなさい」と言った後に「英語が話されている環境に身を置きなさい」と海外留学をすすめたり。

その一覧の中から自分に合った学習方法を選べばいいんでしょうけど。この回答を学生に見せて、どこがどう矛盾しているか考えさせるのも学びになりそうです。

オー・マイ・ゴッド

そういえば、日本人の英語学習者が連発する「オー、マイ、ゴッド！」(Oh my God!) がいつも気になって、「時と場合によっては使えないし、敬虔《けいけん》なキリスト教徒は不快に感じることがある」と機会があるごとに注意しているので、ＣｈａｔＧＰＴの意見を聞いてみました。

すると私の意見と同じでした。

OMG is an abbreviation for "Oh my God" and is commonly used in casual conversations, especially in digital communication like text messaging, social media, or chat applications. While it is generally acceptable to use the phrase OMG in informal situations, it is important to be mindful of the context and audience.

OMG はくだけた会話で使う表現で、とくにＳＮＳやチャットでよく使うけど、聞き手が誰かなどの「コンテクスト」に注意しなさい、というのは正しい説明ですね。

Additionally, you should consider the cultural and religious sensitivities of the people you are communicating with. In some cultures or religions, using the phrase “Oh my God” may be considered disrespectful or offensive.

「オー・マイ・ゴッド」を不快に感じたり失礼だと思う人がいるとの説明で、宗教や文化について触れたので、その点を詳しく説明して、と頼んでみました。

In many cultures, the name of God or religious figures is considered sacred and is not to be used in a casual or disrespectful manner. Using phrases like “Oh my God” can be seen as trivializing or disrespecting the name of God or religious beliefs.

For example, in Christianity, taking the name of God in vain is considered a sin, and using the phrase “Oh my God” in a disrespectful or casual manner can be seen as a violation of the third commandment.

多くの文化で、神聖であるべき神の名をやたらに使うことは失礼だと考えられているし、キリスト教では、「モーゼの十戒」の3番目にある、神の名をみだりに唱えるな、に違反する罪となる、との説明でした。

ＣｈａｔＧＰＴのこの答えに不足していたのは、代わりに“Oh my Goodness!”“Gosh!”などの表現が使われる、という情報です。これも、代わりにどんな言い方がありますか？　と質問すれば、例文を教えてくれるでしょう。

「この英語表現は、どういう場面なら使えるか、具体例で教えてください」などとＣｈａｔＧＰＴに尋ねることで、慣用句の使い方や微妙なニュアンスが学べるので、対話型ＡＩを上手に使えば、英語学習の強力な助っ人になりそうです。

英文の添削

Q

仕事で英文メールを書いたあと、ＣｈａｔＧＰＴなどで添削するようにしています。この方法は、英語力向上に役立ちますか。

A

対話型ＡＩを、添削で活用されているのですね。

自分で書いた英文がちゃんとしているか不安になることはよくあるので、ＣｈａｔＧＰＴを使うことはいいと思います。それを英語学習に役立つようにするには、３つの注意点があると思うんです。

一つは、ＡＩが修正した英文と自分の書いた英文を比べて、どこがどう違うかをしっかり点検すること。この際に気をつけるべきことが第２の注意点ですけど、ＣｈａｔＧＰＴの添削が唯一の正解だと思い込まないこと。ＡＩは、どういう目的で書かれた文章なのかを知らないまま、英語だけ見て直すので、「は？　これって、私が書いた狙いとは違う」と思ったら、その旨をちゃんとＣｈａｔＧＰＴに伝えて、どういう趣旨の文書かを詳しく説明するべきです。すると、別の英文を提示してくれます。

添削というのは面倒な作業で、多くの場合、添削を頼まれた英語母語話者も、何をどこまで直すか迷います。それで頭を抱えた末、文法の間違いや誤用を直すか、ネイティブならこう言います式の修正で終わりにしてしまう。

ところが、日本人が英文を書く際にぶつかる最大の壁は、英語らしい論理構成なのです。先に第３章の「書くこと」の項目で説明したように、どうしても日本語で考えてしまうから、前置きが長々と書いてあって、肝心なことが後のほうに出てきたり。最後になるまで結論が分からないこともある。

ところが、英語の論理展開は、書くときも話すときも、重要な内容が最初に出てくるんです。なのでＣｈａｔＧＰＴには、英語のロジックで書きたいので、論理的な展開になっているか、論理的な一貫性があるかを見てほしい、と注文をつけてみたらどうでしょうか。

人間の先生と違ってＡＩは、こんなにズタズタに直してしまったら悪いかな？　なんて気をつかったり、そこまで改変するのは面倒だ、などと不満に思ったりしないので、淡々と、何度でも要望に応えて添削してくれます。だから賢く活用すれば、かなり勉強になるはずです。

添削について考えていたら、作文コンクールでのＣｈａｔＧＰＴ対応に関する記事がありました（朝日新聞２０２３年７月２日）。

生成ＡＩについて各コンクールの対応は、次の通りです。

＊「読書推せん文コンクール」（博報堂教育財団）
応募要項に「自分以外の人やＡＩが作成したり考えたりした文章での応募はできません」を追加。

＊「第５回作文コンクール（高校生の部）」（神戸親和大学）
実施要項に「注意事項」として「ＣｈａｔＧＰＴなどの生成ＡＩは使用しないでください。使用が判明した場合は、審査の対象外としますので、承知しておいてください。」と追加。

＊「全国高校生２Ｄ・３Ｄ・イラストコンテスト」（河合塾グループ）
応募要項に「ＡＩ生成の作品は不可」と明記。

＊「青少年読書感想文全国コンクール」（全国学校図書館協議会）
応募要項に「盗作や不適切な引用があった場合、審査の対象外になることがあります」と追加。「不適切な引用」には、「生成ＡＩが作った文章をそのまま写すことが含まれる」とのこと。ただし、これまでも保護者や教員が添削して作品を提出した例があるので、「自ら書いた文章の推敲《すいこう》過程で、校正にＡＩを使うことまでは否定しない」という立場です。

文部科学省による「初等中等教育段階における生成ＡＩの利用に関する暫定的なガイドライン」（２０２３年７月４日）では、「適切でないと考えられる例」として「各種コンクールの作品やレポート・小論文などについて、生成ＡＩによる生成物をそのまま自己の成果物として応募・提出すること」をあげ、「応募要項等を踏まえた十分な指導が必要」としています。

専門家として早稲田大学の田中博之教授は、「コンクールで生成ＡＩの使用を見抜くのは簡単ではない」と指摘。見抜く技術が進歩しても、ＡＩは進化するので「いたちごっこ」になる。将来的には「単に使用を禁じるより、上手に使いこなす力を養う方向で考えるべき」だと論じています。

英語スピーチコンテストでも生成ＡＩにどう対応するかは大きな課題です。

スピーチ原稿を書く際に、日本語で打ち込んで、ＣｈａｔＧＰＴに英訳してもらう応募者が出てくるかもしれないですね。ただ、２０２３年現在では、日本語データが英語データほど豊富ではないので、日本語の英訳を試してみた限りでは、誤訳が散見されました。

添削や推敲の段階でＡＩを利用することまでは規制できないですが、スピーチコンテストの場合は、それをどうやって自分のスピーチとして語るかが決め手になり、これまで以上に、delivery（話し方）の評価が重要になりそうです。

あとは、可能ならスピーチの後に質疑応答の時間を設ければ、内容についてのやりとりを通して、どのくらい英語スピーチが自分のものになっているかを判断できます。

それにしてもＡＩの進歩は驚異的ですね。ロボット工学に関する国際的な学術会議(ICRA=International Conference on Robotics and Automation)が２０２３年5月29日からロンドンで開催され、その一端を「太田光のつぶやき英語」で紹介したのですけど、犬型ロボットがタンゴを踊るくらいになり、警察犬の代わりに災害救助をする姿に、こういう任務をやってくれたら助かると思いました。

圧巻は、２０２１年にデビューしたＡｍｅｃａ。大会ではＣｈａｔＧＰＴをベースにした対話型ロボットとして登場。相手の質問を聞いているときの表情、話すときの目線や口の動きなど、あまりにも人間っぽくて気味が悪いほどです。

英語、フランス語、中国語などいくつもの言語を使いこなします。そのＡｍｅｃａに「ＡＩが発達したら人間にとって、どんな悪夢がありますか」と英語で質問した人がいたのですが、ロボットの答えが怖かった。

The most nightmare scenario I can imagine with AI and robotics is a world where robots have become so powerful that they are able to control or manipulate humans without their knowledge.

（ＡＩやロボット工学で想像できる悪夢の最たるものは、ロボットがあまりにも強力になって、人間が気づかないうちに人間を支配し操るようになった世界です。）

カズオ・イシグロの小説“Klara and the Sun”では、10代の子どもの親友となるヒト型ロボットの思いが語られ、太田光さんが近未来の世界を描いた大作『笑って人類！』（２０２３年、幻冬舎）では、人間と見分けがつかなくなったヒト型ロボットが活躍し、世界を動かします。どちらもＳＦ小説ですけど、今のロボット開発の勢いを見ると、明日にでも現実になりそうで、ちょっと笑えないほどです。

これからは、ＡＩのように、今まで考えられなかったような科学や技術が登場して、次世代の生きていく世界がどうなるか、未知の時代なのだ、と考えていて思い出したのが、「つぶやき英語」でお招きしたアクション俳優ケイン・コスギさんです。

今は、ｅスポーツでも活躍しています。

ケイン・コスギさんの例

ｅスポーツ（esports）とは、electronic sports の略で、コンピューターゲームやビデオゲームの対戦をスポーツ競技として捉える際の名称です。

ケインさんがｅスポーツの世界に入ったのは、子どもの頃からビデオゲームが大好きだったから。そしてeスポーツというのは今や世界的に普及していて、職業として成り立っているどころか、憧れの職業になっているのです。

しかも世界各地にいるプレーヤーとのやりとりが不可欠なので、共通語として英語を使わざるをえない。これまでは英語と無縁でも、eスポーツやるなら英語を勉強しなくちゃ、という気持ちになるそうです。

ふつうの親は子どもがゲームに夢中になっていると、叱りますよね。いい加減にして勉強しなさい！　と注意する。でも、ケインさんの意見は違いました。人気職業になったeスポーツに英語は必須なので、ゲームが好きならやらせておけば、そのうち自分から英語を勉強するようになりますよ、とのアドバイス。ビデオゲームにそんな効果があるなんて、知りませんでした。

これからの世界がどうなるかを考えると、「未知」しかない。今のこの時点で、物事の是非は決められないし、どういう英語が必要になるかも想像するしかない。だから現在だけを見て善悪を判断しないで、柔軟に対応することが肝心ではないでしょうか。

ただし、ＡＩに操られ、支配されないだけの批判的思考力は持っていないと危ういですよね。逆に、そのために英語学習を活用できないか。

英語という、日本人にとって「未知の言語」を学ぶことで、未知の世界を生き抜く力を得られるのではないか、そんな気がするのです。

そこで次章では「異文化コミュニケーション」について考えることでヒントを得たいと考えています。

第6章 これからの英語学習を考える

機械翻訳や自動通訳のめざましい進歩に驚嘆しているうちに、ＡＩは文章や画像を作り出したり対話をしたり、人間の存在を脅かすほどになってきました。

第6章では、そのような技術革新の時代にあって、英語を学ぶ意味はあるのか、異文化コミュニケーションの視点から考えてみます。

異文化コミュニケーション

多様性に満ちた世界で、文化や宗教の違いをどう乗り越えるかは難題ですが、異文化コミュニケーションがその手立てとなります。

「文化や宗教の違いを乗り越えて理解し合うのは、難しいですよね」とＣｈａｔＧＰＴに投げかけてみたら、「グローバル化した世界では、言葉や行動で、異なる文化や宗教を尊重し配慮する努力が肝心です」と、異文化コミュニケーションの真髄《しんずい》ともいえる答えを返してきました。

Navigating cultural and religious sensitivities can be challenging, especially in a globalized world where people from different cultures and backgrounds interact with each other more frequently. However, being aware of these sensitivities and making an effort to be respectful and considerate in our language and behavior is essential in building understanding and promoting harmony between different cultures and religions.

Ultimately, showing respect and consideration for others is an important part of being a good communicator and building positive relationships with people from different backgrounds.

「他者への敬意と思いやり」が良きコミュニケーターになるために大切だ、というのは、その通りですね。

異文化コミュニケーション

Q **海外からのお客さんを案内したりもてなしたりする際、どのようなコミュニケーションを心がけるべきでしょうか。**

A **この質問は、まさしく異文化コミュニケーションのことですね。**自分とは異なる文化から日本にやってきた人とどう接するか、ということになりますけれど、前提として、いくつか念頭においておくべきことがあります。

第一は言葉について日本人の多くがなんとなく持っている思い込みを捨てること。よくあるのが、白人を見ると、アメリカ人だ、英語ネイティブだと決めつけて、英語で話しかけること。英語を母語としない白人はいますし、有色人種で英語が母語の人もいます。

コロナ禍が収まって訪日観光客が急増していますが、話している言語は多様です。英語ができない人もいるので、英語で話しかければ誰もが喜ぶわけではないし、日本語を使ってみたい人もいます。相手は初来日で日本語を話せないとなれば、互いにジェスチャーとたどたどしい英語を共通語として使ってみることになります。

双方がどのような言語で対応するにせよ、異文化コミュニケーションのはじまりです。

次に、言葉が違うということは、文化が違うという当たり前のことを肝に銘じる。

文化差が目に見える違いの場合は、対応しやすい。靴のまま部屋に入りそうになったら、「日本では玄関で靴を脱ぎます」と身振りで教えればいいのですから。

困るのは、目に見えない文化。表に出てこないだけでなく、自分でもそれが文化だとは意識していないから、お互い気づかないまま、誤解や摩擦のもととなります。

たとえば「口は禍《わざわい》のもと」だからやたらしゃべらない、「出る杭は打たれる」から自己主張はよくないと考える価値観もあれば、「車輪はキイキイ言わないと油をさしてもらえない」(Squeaky wheel gets the oil.) と考え、自分の意見をきちんと主張することが大切だと考える信条もあります。

この2つの文化が相対すると、一方は相手のことを「何も言わない不気味な人」と感じるし、他方は「この人、自己主張が強い」と不快に思ったりする。

「おもてなし」にも価値観や習慣が表れます。日本では、客に対して歓迎や敬意を表するため、ふだんは食べないようなご馳走をあれこれ並べますよね。手作りが無理でも、お寿司の出前をとったりする。ところがアメリカでは、「ふだん」を見せることがむしろおもてなしになる感じです。来客を案内して家中を見せるし、家族のいつもの食卓に招くことが「あなたに心を開いています」というおもてなしになるのですね。

ところが、これが誤解されることがある。日本からホームステイにやってきた高校生や大学生が「ろくな食事を用意してくれない」「ご馳走なんて一度も出なかった」と不満に思ったりする。逆に、アメリカでは家中を見せるのが習慣だと知った日本人男性が、初対面の客を奥の座敷や台所まで案内して、夫人から怒られたという話もあります。


海外から日本に来たALT（外国語指導助手）が校長室に入った際に、着ていたコートを脱がなかったのだそうです。それを校長は「礼儀を知らない無礼なやつだ」と受け止めたのですね。

でもそのＡＬＴの出身国では、相手から言われないのに自分からコートを脱ぐと、招かれてもいないのに長居するような印象を与えるという感覚がある。双方が相手の文化を知らないで誤解したわけです。

さて、ではどうするか、です。もちろん、すべての文化に精通するなど不可能です。必要なのは、相手の文化は自分の文化とは違う、常識や礼儀作法が違うかもしれない、と覚悟することです。日本人にとっては「非常識じゃないか」「なんて失礼な振る舞いだ」と見えても、それは相手の文化では当然の作法なのかもしれません。むしろ相手が日本人を見て「非常識だ」と感じることだってありえるでしょう。

だから大事なのは、「あいつ、何なんだ」とムカついても、抑えること。そして「違いはあって当たり前」と寛大になる。さらに機会があれば「日本は、カクカクしかじかなんです」と説明して、可能なら「あなたの国では、どうなってるんですか？」と聞いてみる。お互いが拙《つたな》い言語力を振り絞って、少しでも理解してみようと歩み寄ること。それが多文化共生を可能にする異文化コミュニケーションです。

来日するのは、短期滞在の観光客ばかりではありません。

世界では、紛争や迫害、自然災害から逃れる難民の数が1億人を超えています。日本でもウクライナから戦火を逃れてきた人々を受け入れていますが、難民や、定住している移民についての理解はまだまだです。

２０２３年に改正された入管法（出入国管理及び難民認定法）でも、難民の認定が厳しく、日本は世界各国の中で難民受け入れの数が極めて少ない現実があります。でも日本での受け入れを希望する人たちは多いので、緊急事態での難民は優先的に受け入れてあげたいものです。

そうなると、異文化コミュニケーションを知ったうえでの心構えは不可欠になります。

異文化コミュニケーション

Q 英語を学ぶことで、語学力以外に身につくものはありますか。

A **外国語を学ぶ究極の目的は、異文化コミュニケーションだと思います。**

外国語を通して、異文化を知る。そこにこそ、外国語を学ぶ意味があるのです。

英語という、日本語とはまるきり違う異質な外国語を学ぶことで得られるのは、異質性と真正面から取り組んだという経験で、これは本人が自覚している以上に大きなことかもしれません。

ＡＩを活用してのコミュニケーションは、今後ある程度は可能になるでしょうが、オンラインでの授業や会議と、対面でやりとりをしながらの指導や議論とは、充実度が違いますよね。これは講演や講義をするたびに感じます。それと同じで、人間同士の対話にこそ、コミュニケーションの真価があるように思うのです。

異なる文化を背負った人間同士が対話することで、新たな視界が広がる。それこそが、異文化コミュニケーションとして英語を学ぶ意義だと思います。

これからは「未知の時代」だと先ほど説明しましたけれど、どのような時代になっても人類が存在する限りついて回るのは、異文化コミュニケーションです。

「未知」というのは英語で the Unknown. 居心地のよい comfort zone から抜け出す力がないと知らない世界は生きられないのですけど、そのときに求められるのが、自分にとって未知の他者と遭遇《そうぐう》した際、対話を通して話し合うこと。それは異文化コミュニケーションそのものです。

「異文化コミュニケーション」とは、異なった文化と文化をつなぐコミュニケーションのこと。英語では、intercultural communication と言います。

もちろん外国語を使うことは関わってきますけど、英語だけとは限りませんし、特定の言語を超えて、異質性とどう向き合うか、という課題と取り組むのが異文化コミュニケーションです。言語コミュニケーションだけでなく、非言語コミュニケーションも重要ですし、海外だけのことではなくて、日本国内でも異文化はあります。

同じ日本でも地域によって文化はいろいろで、関西は、漫才のボケとツッコミを日常的に家庭でもやっている文化。私は東京で生まれ育っているので、神戸出身の同僚のボケが分からず、「会議なのに、何言ってるの？」と思ったし、そういうときは「アホちゃうか」と返しておけばいい、と教えられ「バカじゃないですか」と言ったら、「ちゃう、ちゃう！」と止められました。「オチのない講演って、ありえない」と大阪の人が言っているのを聞いて「じゃ、どうしたらいいの？」と内心、びっくりしたこともありました。

東京は全国から人が集まっているので各地の文化が入り混じっていますけど、江戸文化の名残を感じる場所もそこここにある文化混淆の地だといつも感じています。

異種の文化には地域文化以外にも、シニアと若者の差異、ジェンダーによる違い、障害の有無、職業による違いもあれば、社会階級など見えない差異もある。一人の人間には、多層にわたるさまざまな文化的アイデンティティがモザイクのように埋め込まれているのです。あるときは若者同士でつながったり、別のときには世代を超えて女性という点で団結したり、社会的な集団で協働したりする。

そんな中、違いがすぐに分かるのは言語。だから異文化コミュニケーションといえば、外国語のこと、英語のことだと考えてしまうのでしょうね。

でも、異文化コミュニケーションは英語コミュニケーションのことではない。もっと広い。ただ、「文化」も「コミュニケーション」も、いくつもの定義があるし、一つの学問分野に収まらない学際的な概念です。だから「異文化コミュニケーション」が理解されにくいのかしれません（『異文化コミュニケーション学』（岩波新書）を参照）。

それをなんとか一言で説明してみると、自分と違う他者とどう共存するか、という課題に取り組むのが異文化コミュニケーションです。異質性をコミュニケーションがつないで多様性を可能にすること、と言い換えることもできます。

多様な世界

Q **最近は日本でも、さまざまな国の人を見かけます。すでに多言語・多文化社会になりつつある、ということでしょうか。**

A **その通りです。同質とされてきた日本社会も、内なるグローバル化で異質な存在が増えていることは、東日本大震災ですでに明らかになりました。**

東北だけで数十もの違った言語を母語とする人々が仕事をして暮らしていて、避難勧告などを英語に訳しても、理解できない人たちがいました。多言語の翻訳が必要だし、むしろ「やさしい日本語」が日本在住の方たちの共通語であるのも分かりました。この流れは、これからも進んでいくでしょう。

２０２３年１月、「ファミリア」という映画が公開されました。役所広司主演、ＭＩ

ＹＡＶＩ出演で、日本の地方都市を舞台に、地域の住民とブラジルから来日した日系移民との軋轢《あつれき》を克明に描いていて、日本も多文化多言語社会なんだ、という事実を突きつけてくる作品でした。

主人公は陶芸家で、たまたま在日ブラジル人の若者と出会います。そして、彼を通してブラジル人コミュニティを知るようになって、差別や搾取の実態を目の当たりにします。また、主人公の息子は日本企業の社員でアルジェリアに駐在していたのですが、日本に帰国する直前にテロ事件に巻き込まれてしまいます。

世界で活躍する日本人を襲った悲劇、日本国内での外国人に対する蔑視《べっし》と憎悪など、グローバリゼーションの影の部分は見ていてつらいのですが、これが現実なのですから、直視しなければならない。

日本には２０２２年末の統計で、３００万人を超える在留外国人が暮らしています。さまざまな立場、さまざまな境遇の方々が、日本社会で生きているのです。その人たちに対して、私たちはどれほど想像力を働かせることができるか。同じ社会に生きる一員として、どのくらいコミュニケーションを取っているのか。今、それが問われているのではないでしょうか。

人類の持続的未来を考えたとき、どう多様性を確保するかは、死活問題です。世界中で、組織として取り組まなければならない深刻な課題ですけど、一人一人が努力すべき課題でもあると思っています。

異文化コミュニケーションとは、異質な他者との相互行為です。まずは英語を通して異文化コミュニケーションを学び、異文化コミュニケーションの能力を身につけ、できることなら次に他の外国語にも取り組んでほしい。それが、私の願いです。

複言語学習のすすめ

Q 英語一辺倒の時代は、そろそろ終わりという話を聞きました。それは本当でしょうか。

A そうなんです。現在は英語が世界の共通語であることは否定できません。 でも、英語一辺倒でいいのか？　という問題提起もされています。

国際機関や観光業界では、母語以外の言語として、英語以外にもう一つの外国語を使える能力を重視しています。英語が通じにくい、または英語に反発する地域もあるからです。

英国のチャールズ国王は、1969年、20歳で皇太子（Prince of Wales ウエールズ大公）に即位した式で、ウエールズ語を入れたスピーチをして、英国の支配に反発するウエールズの思いを汲みました。前例のないことでした。

国王になってから、2023年秋のフランス訪問では、英国王室として初めてフランス議会に招かれ、フランス語で演説を行いました。

ちなみに、日本では小中高大学と、首尾一貫して英語中心の教育です。学習指導要領では「外国語（英語）」となっていますが、実際の中身は「英語」についての記述です。これまで中高でフランス語を教えてきた私学でも、それでは志願者が集まらないことから英語に切り替えたり、大学でも英語教育が主で、いわゆる「第二外国語」については、非常勤講師しか配置していなかったり、衰退の傾向です。

ところが最近、ちょっと違う流れがあるのです。

韓国のK－POPが世界中で大人気となっていて、日本も同じ。そこから生まれた新たな傾向です。

森迫永依さんの例

森迫永依さんのお母様は中国出身なので森迫さんは中国語が分かるし、K－POPファンで韓国語も勉強していて「太田光のつぶやき英語」K－POP特集回で、その成果を披露しました。

母語の日本語、聞いて理解できる中国語、受験のために勉強した英語、自分の趣味で学んでいる韓国語、と複言語学習の実践例といえそうです。

それぞれの言語が自分の中で関係し合っているって感じたこと、ありますか？　と質問してみたら、「あ、それ、あります！」とのことでした。

森迫さんと同じように、大好きなK－POPの歌詞が分かるようになりたい、と韓国語を勉強する高校生が日本で増え始め、韓国語コースを新設する高校さえ出てきました。勉強するからには学習成果を知りたいだろうと韓国語専門の教員などが集まって準備を重ね、２０２２年からは高校生を対象にした初級韓国語検定試験が本格的に始まったくらいです。

偏見などない若い世代が、韓国の言葉や文化に興味を持って学び始めているって、すてきなことですね。

それは韓国でも同じ流れのようです。文《ムン》政権から尹《ユン》大統領に変わって日韓関係が改善されてから、日本のアニメや映画、J－POPが大好きだと公言する若者が増えているとのこと。

ちなみに韓国の教育課程では、英語だけでなく第二外国語を中学高校で選択必修科目にしていて、8言語から選べるそうです。

ドラマや音楽で世界を席巻している韓国の土壌には、中高時代から英語以外の外国語を学んでいることもあるのかな、という気がします。

第二外国語として日本語を選択する中高生は多いようで、日本のポップカルチャーが好きということもあれば、たとえばホテルや観光、警備などの分野では日本語が必須だということがありそうです。

韓国ドラマでは、日本語力が認められて昇進する登場人物がいたり、カラオケでストレス発散する場面があったり、和食は高級料理とされ、お寿司を食べに東京や和歌山に行くなどが最高の贅沢として出てくるドラマもあります。

音楽や料理などから言語への関心が深まることもありそうで、草の根の異文化理解に期待したいですね。

複言語学習のすすめ

Q

英語だけで手いっぱいです。
英語以外の言語も勉強することに、どんな意味がありますか。

A

ＥＵは、ヨーロッパの統合にあたって「多様性の中の統一（United in Diversity）」を目指し、その一環として「多言語主義」（multilingualism）を掲げています。

多言語主義とは、社会の中で異なる言語が共存している状態、もしくは教育制度の中で学習する言語を多様化することを指します。

そのため欧州評議会では、市民が母語以外に2つの言語を学ぶことを推進しています。複数の言語を誰もが学ぶことで相互理解を可能にし、平和の構築を目指している。これが「複言語主義」（Plurilingualism）で、ＣＥＦＲという「言語の共通尺度」を生み出した基本理念です。

「複言語主義」の前提は、「母語を使うことは基本的人権」という考えです。そのうえで、母語の力を活用して、別の言語を学びながら、さらにもう一つの言語も学ぶ。すべて関連づけて、母語以外に2つの言語を学ぶことで豊かなコミュニケーション能力が生まれるというのが複言語主義の考え方です。

外国語と言わないのは、母語以外なら他地域の言語でもよいからです。そして、一つの言語に熟達するまで待たなくてもよい。なぜなら言語習得はこれでおしまい、ということはないから。ということは、2つが同時進行になることもありえます。

日本人なら学校で勉強した英語に加えて、どの言語でも構わないけれど、興味のある外国語に取り組むということで、母語と、第一外国語である英語と、第二外国語とを関連づけながら学ぶ、ということになります。

とはいえ、英語だってアップアップなのに、別の外国語をやるなんて、ムリ！　と思う人は多いですよね。でも、不可能ではないように思うんです。

第1章でも紹介した、ラランドのサーヤこと門倉早彩さんとニシダこと西田亘輝さんは、上智大学でスペイン語を学びました。でも英語の勉強も大学時代からずっと続けていて、英語の雑誌や日本文学の英訳を読んだりして勉強しているとのことです。

私もラランドと同じく上智大学でスペイン語を学んだ複言語学習体験者です。入学して半年くらいは、とにかくスペイン語ばっかりの生活。スペイン語はラテン語起源で英語と近いといっても、それは語彙のことで、発音や文法は英語とまるで違う。スペイン語の［r］なんかどうやって舌を震わせたらいいやら見当もつかず、一人で何時間、試みたことか。これに比べたら英語の［r］なんてラクなもんだと思ったくらいです。喉から息を吹き出す感じの［j］も英語とは違い、この2つの音が入ったreloj（時計）を言えるようになるまで七転八倒。大学では一応ＥＳＳにも入ってみたんですけど、英語での活動をする余裕なんて全然ありませんでした。

そうしたら英語が思うように口から出てこなくなった経験は、第2章「英語を話す」

で、説明しました。

ですから、英語だけで手いっぱいなのに、他の言語を学ぶ余裕はないし、英語も第二外国語も、どっちつかずで、どっちもダメになりそう、という不安は、理解できます。

でも、混乱するのは一時期だけのように思います。後から振り返ると、英語を学んでいたからこそ、スペイン語を学ぶときに、英語で経験した方法を応用できたし、英語と異なる言語を学ぶことの面白さも実感しました。

今まで知っていた英語の世界と新しく学んでいるスペイン語の世界は違うことを発見して、なんだか世界が広がった感じもしたのです。

英語は中学、高校とやってきたので、少し飽きている人もいると思います。大学生を見ていても、「また大学で英語をやるのかよ」「もう、英語はうんざり」と感じている学生が少なくありません。そうした学生も、スペイン語であれ中国語であれ、「大学で新しい言語を学んで楽しかった」「なぜかワクワクした」などと言います。

大学で初めてフランス語を学んだら、英語よりやさしく感じた、という人もいますけど、それは英語学習が基礎になっているからでしょう。

初めて学ぶ言語を「初習《しょしゅう》言語」と呼びます。初習言語は、そもそも何も知らないのだから、好きも嫌いもなく、白紙の状態から始められる、という利点があります。

そんな第二外国語と比べると、第一外国語である英語は、「やらなきゃいけない」感が満載。しかも「できないとダメ」感が蔓延《まんえん》しているから、うまく話せないだけでめげてしまう、重っ苦しい外国語ですよね。

それを考えると、英語の勉強に飽きたり行き詰まったりしたら、ちょっと脇に置いて、他の言語を学んでみるのも悪くないかもしれません。今度こそ、やらねばならないではなくて、何らかのきっかけでやってみたくなった外国語をやればいい。


それと、英語はなぜか完璧を目指すから「手いっぱい」と感じちゃうんじゃないですか？

「ワタシは英語がダメな「語学ベタ」人間」などと自己嫌悪に陥っていないで、ほんとうに語学ベタかどうか、別の外国語で試してみたら？　英語はダメだったけど、中国語は気に入った、韓国語はハマった、などでプロの通訳者になった人たちを知っています。スペイン語が好きでスペイン語通訳者になって活躍しているうち、英語の通訳もやってみるようになった人もいます。

外国語学習の到達目標は個人によって違います。

また、ピアノの例を出しちゃいますけど、ピアノを習って世界的なピアニストになる人もいるし、ならない人もいる。「駅ピアノ・空港ピアノ・街角ピアノ」というＮＨＫの番組では、世界各地で駅や空港や街なかにあるピアノが主役です。ひっそりと置いてあるピアノを、通りかかった人たちが弾くんですね。老いも若きも、子どももいれば定年退職者もいる。ピアニストを目指している人もいるけれど、大半は単純にピアノが好きな人たちで、独学で弾いている人もいる。でも、どの人も自分が好きな曲を弾いていて、時には間違えたりするけど平気で、ひたすら楽しんでいる。外国語学習もこれでいいんだ、と観るたびに思います。ショパン・コンクールで優勝するのが目的で頑張る人がいてもいいし、「この曲を弾けるようになりたい」と練習する人がいてもいい。

外国語も同じ。言語を専門に仕事をするプロもいれば、仕事で必要だから学ぶ人もいる。ささやかな目標を心に秘めて英語を勉強する人もいる。それでいいんだと思います。

そして極めつけ。外国語は、「異文化の窓」なのです。新しい外国語に取り組んでみると、新しい窓が開いて、新しい景色が見える。世界の見え方が変わってくるのです。世界はこんなに多様なのだと、ワクワクする。

複数の言語を学ぶことで、異文化の窓がいくつもできる。そして多様で魅力に満ちた新たな世界を知る。それぞれの言語が相互に作用して、自分の中に新たなコミュニケーション能力が生まれる。だから外国語は生涯学習なのですね。

複言語学習のすすめ

Q　異文化コミュニケーションは現代社会において、どんな意義がありますか。

A　先ほど説明したように、世界が多様になり、多文化・多言語社会が当たり前になってくると、これまで以上に、異なる文化をつなぐ異文化コミュニケーションが必要になります。

最近は企業も、多様性（diversity）という言葉をよく使います。同質の人間ばかり集まっていると、意見はまとまりやすいし居心地はいいけれど、多様な人材がいたほうが、生産性向上につながると認識するようになったからでしょう。

でも「多様性」は企業にとってだけ重要なのではない。

地球が多様でなくなったら、人間も動物も植物も生き延びられないのです。

現実の社会は、もう否応《いやおう》なく多様なのですけど、多様性を確保して、多様な存在が共存する方向性を真剣に考えないと人類の持続的未来は望めない。

グローバル時代は、国境を越えて人間が移動します。自ら選んで他国に移住する移民(immigrant)もいれば、紛争や戦争、迫害や災害などで否応なく祖国を離れた難民(refugee)もいます。

人種や民族が違って、文化や宗教などの背景が異なり、ジェンダー指向も人によってまちまち、さまざまな言語を話す人々があちらこちらに移動する世界では、自分と異なる人たちと邂逅《かいこう》することは避けられない。その現実を見据えれば、異文化コミュニケーション能力が不可欠なことは、自明の理と言っていいでしょう。

自分とは価値観も常識も信条もかけ離れている人たちと出会うだけでなく、対話をしなければならない羽目になったときに、何が必要になるかといえば、固定観念から開放されて、お互いが個々の人間として向き合って話し合うこと。

戦火が世界で広がりつつある惨状を突きつけられると、理解し合うなんて、言うは易く行うは難し、と認めざるをえないようなつらい思いになります。

それでも私たち人間は、お互いに、何とか分かり合おう、と努力を重ねるしかない。そうやって相互の存在を尊重し、多様性を確保しようとする姿勢を可能にするのが、異文化コミュニケーション能力なのです。

その異文化コミュニケーション能力を育てるのに何が役立つかといえば、母語とは異なる外国語を学んで、異質性とは何かを体得することです。

英語も外国語の一つです。私たち日本人にとって身近な、でも異質な英語を学んで、異文化コミュニケーションの出発点としませんか？

やっぱり英語、やりましょうよ！

謝辞

＊本書執筆にあたっては、ＮＨＫ　Ｅテレ「太田光のつぶやき英語」（２０２３年度は、土曜夜10時30分から10時59分まで放送）で、２０２２年度、２０２３年度に出演したゲストの方々の英語学習体験談を参考にさせていただきました。本書での紹介にあたって引用をご快諾くださった皆さま、各界で活躍する方々の英語学習法を知る貴重な機会を与えてくださった番組制作の皆さまに心からお礼を申し上げます。

＊本書の執筆にあたっては多くの方々にお世話になりました。ここに謝意を表すとともに、文責は著者である鳥飼玖美子にあることを明記しておきます。

参考文献

Austin, J.L. (1975). *How to do things with words.* Harvard University Press.

Bennett, M.J. (2013). *Basic concepts of intercultural communication: Paradigms, principles, & practices.* 2nd Ed, Intercultural Press.

Bourdieu, P. (1982). *Language and symbolic power.* Harvard University Press.

ブルデュー, P. 稲賀繁美（訳）（１９９３／２０１１）『話すということ：言語的交換のエコノミー』藤原書店

Bonvillain, N. (2008). *Language, culture, and communication: The meaning of messages.* 5th. Ed. Pearson/Prentice Hall.

Brown, B. (2012). *Daring greatly: How the courage to be vulnerable transforms the way we live, love, parent and lead.* Gotham Books.

Brown, H.D. (2007). *Principles of language learning and teaching.* 5th Ed. Pearson.

Canagarajah, A.S. (1999). *Resisting linguistic imperialism in English teaching.* Oxford University Press.

Canale, M. (1983). From communicative competence to communicative language pedagogy. In J.C. Richard & R.W. Schmidt (Eds.). *Language and Communication.* Longman.

Chang, J. (2020). *Quiet is a superpower: The secret strengths of introverts in the workplace.* Berrett-Koehler.

バトラー後藤裕子（２０２１）『デジタルで変わる子どもたち：学習・言語能力の現在と未来』ちくま新書

Council of Europe (2001). *Common European Framework of Reference for Languages:Learning, teaching, assessment.* Cambridge University Press.

Council of Europe (2018). *CEFR Companion Volume.*

Cummins, J. (2000). *Language, power and pedagogy: Bilingual children in the crossfire.* Multilingual Matters.

Dörnyei,Z. (2001). *Motivational strategies in the language classroom.* Cambridge University Press.

Dörnyei,Z. & Ushioda, E. (2021). *Teaching and researching motivation.* 3rd ed. Routledge.

太宰治（１９４７／２００３）『斜陽』新潮文庫

江戸川夏樹（２０２２）「中学レベルの単語９割「魔女の宅急便」英語講師でも聞き取れなかった」朝日新聞（２０２２年８月29日夕刊）

江利川春雄（２００８）『日本人は英語をどう学んできたか：英語教育の社会文化史』研究社

江利川春雄（２０２３）『英語と日本人：挫折と希望の二〇〇年』ちくま新書

Gardner, R.C. & Lambert, W.E. (1972). *Attitudes and motivation in second-language learning.* Newbury House.

Goffman, E. (1981). *Forms of talk.* University of Pennsylvania Press.

Grice, H.P. (1975). Logic and conversation. In P. Cole & J. L. Morgan (Eds.). *Syntax and semantics*, Vol.3, Speech Acts. Academic Press, pp.41-58.

Gumperz, J.J. (1982). *Discourse strategies.* Cambridge University Press.

Gumperz, J.J. (1983). *Language and social identity.* Cambridge University Press.

Hall, E.T. (1973[1959]). *The silent language.* Doubleday.

Hall, E.T. (1976[1981]). *Beyond culture.* Doubleday.

Hymes, D. (2001[1972]). On communicative competence. In A.Duranti (Ed.). *Linguistic anthropology.* Blackwell.

Ishiguro, K. (2021). *Klara and the Sun.* Faber & Faber.

石井洋二郎（編）、鳥飼玖美子・小倉紀蔵・ロバート キャンベル他（２０２２）『リベラルアーツと外国語』水声社

Jackson, J. (2014). *Introducing language and intercultural communication.* Routledge.

Jenkins, J. (2000). *The phonology of English as an international language.* Oxford University Press.

Jenkins, J. (2007). *English as a lingua franca: Attitude and identity.* Oxford University Press.

Kachru, B.B. (1982/1992). Teaching world Englishes in B.B.Kachru. (Ed). *The other tongue: English across cultures*, 2nd Ed. University of Illinois Press.

上白石萌音・河野万里子（２０２２）『翻訳書簡『赤毛のアン』をめぐる言葉の旅』ＮＨＫ出版

川端康成（１９３５／２００６）『雪国』新潮文庫

木村護郎クリストフ（２０１６／２０１７）『節英のすすめ：脱英語依存こそ国際化・グローバル化対応のカギ！』萬書房

木村護郎クリストフ（２０２１）『異言語間コミュニケーションの方法：媒介言語をめぐる議論と実際』大修館書店

Kirkpatrick, A. (2007). *World Englishes: Implications for international communication and English language teaching.* Cambridge University Press.

小山亘（２００８）『記号の系譜：社会記号論系言語人類学の射程』三元社

Kramsch, C. (1993). *Context and culture in language teaching.* Oxford University Press.

Lightbown, P.M. & Spada, N. (2006). *How languages are learned.* 3rd Ed. Oxford University Press.

松坂ヒロシ（１９８６／２０１８）『英語音声学入門』研究社

ジェレミー・マンデイ著、鳥飼玖美子（監訳）長沼美香子・水野的・斉藤美野・坪井睦子・吉田理加・山田優・河原清志（訳）（２００９／２０２１）『翻訳学入門』みすず書房 [Munday, J. (2008). *Introducing translation studies* 2nd Ed.. Routledge.]

モンゴメリーL.M.著、村岡花子（訳）（１９５２／２００８）『赤毛のアン』新潮文庫 [Montgomery, L.M. (1908). Anne of Green Gables.]

Nation, I.S.P. (1990). *Teaching and learning vocabulary.* Newbury House.

Nelson, C.L. (2011). *Intelligibility in world Englishes: Theory and application.* Routledge.

中村哲（編著）、日本音響学会（編）（２０１８）『音声言語の自動翻訳：コンピュータによる自動翻訳を目指して』コロナ社

西村宏堂（２０２０）『正々堂々：私が好きな私で生きていいんだ』サンマーク出版

Nishimura, K. (2022). *This monk wears heels: Be who you are.* Watkins.

Norton, B. (2000). *Identity and language learning: Gender, ethnicity and educational change.* Longman.

太田光（２０２３）『笑って人類！』幻冬舎

大津由紀雄（編著）（２０１２）『学習英文法を見直したい』研究社

大津由紀雄（２０２２）『英語学習　７つの誤解』ひつじ書房

Oxford, R.L. (1990). *Language learning strategies.* Heinle & Heinle.

Pennycook, A. (1994). *The cultural politics of English as an international language.* Longman.

Phillipson, R. (1992). *Linguistic imperialism.* Oxford University Press.

フランツ・ポェヒハッカー著、鳥飼玖美子（監訳）長沼美香子・水野的・山田優（訳）（２００８／２０２２）『通訳学入門』みすず書房 [Pöchhacker, F. (2004). *Introducing interpreting studies.* Routlege.]

Prince Harry. (2023). *Spare.* Random House.

斎藤兆史（２００１）『英語襲来と日本人：えげれす語事始』講談社選書メチエ

斎藤兆史（２０２３）『英語達人列伝Ⅱ：かくも気高き、日本人の英語』中公新書

Seidlhofer, B. (2011). *Understanding English as a lingua franca.* Oxford University Press.

鳥飼玖美子（２００４）『歴史をかえた誤訳』新潮文庫

鳥飼玖美子（２００７）『通訳者と戦後日米外交』みすず書房

Torikai, K. (2009). *Voices of the invisible presence: Diplomatic interpreters in post-World War II Japan.* John Benjamins.
鳥飼玖美子（２０１１）『国際共通語としての英語』講談社現代新書
鳥飼玖美子（編著）、河原清志、斉藤美野、武田珂代子、坪井睦子、平塚ゆかり、山田優、吉田理加（２０１３）『よくわかる翻訳通訳学』ミネルヴァ書房
鳥飼玖美子（２０１４）『英語教育論争から考える』みすず書房
鳥飼玖美子（２０１６）『本物の英語力』講談社現代新書
鳥飼玖美子（２０１７）『話すための英語力』講談社現代新書
鳥飼玖美子・大津由紀雄・江利川春雄・斎藤兆史（２０１７）『英語だけの外国語教育は失敗する：複言語主義のすすめ』ひつじ書房
鳥飼玖美子・苅谷夏子・苅谷剛彦（２０１９）『ことばの教育を問いなおす：国語・英語の現在と未来』ちくま新書
鳥飼玖美子（２０２０）『10代と語る英語教育：民間試験導入延期までの道のり』ちくまプリマー新書
鳥飼玖美子（２０２１）『異文化コミュニケーション学』岩波新書
鳥飼玖美子（２０２１）『通訳者たちの見た戦後史：月面着陸から大学入試まで』新潮文庫
鳥飼玖美子・鈴木希明・綾部保志・榎本剛士（編著）（２０２１）『よくわかる英語教育学』ミネルヴァ書房
鳥飼玖美子（２０２１）「大学入学共通テストにおける英語民間試験の導入とCEFR」、西山教行・大木充（編）『CEFRの理念と現実：現実編 教育現場へのインパクト』くろしお出版

鳥飼玖美子（２０２２）「対論：異文化への窓を開く」、大内裕和『なぜ日本の教育は迷走するのか』青土社

鳥飼玖美子（２０２２）「日本人は英語以外の外国語を愛せるか？」、『kotoba やがて愉しき外国語』２０２２年秋号、集英社

鳥飼玖美子（代表）、綾部保志、小河園子、小川隆夫、佐藤邦政、藤森千尋、細井健（２０２３）『自律した学習者を育てる言語教育の探求12：小中高大を接続することばの教育として』研究報告NO.99, ２０２３年1月、中央教育研究所

宝島社（１９７５）別冊『宝島』5月号（通巻17号）特集「道具としての英語」（植草甚一・編集）

内田伸子（２０１７）『子どもの見ている世界：誕生から6歳までの「子育て・親育ち」』春秋社

内田伸子（２０２０）『ＡＩに負けない子育て：ことばは子どもの未来を拓く』ジアース教育新社

Vygotsky, L.S. (1978). *Mind in society: The development of higher psychological processes.* Harvard University Press.

山田優（２０２３）『ChatGPT翻訳術：新ＡＩ時代の超英語スキルブック』アルク

山田優（監）・小田登志子（編）（２０２３）『英語教育と機械翻訳：新時代の考え方と実践』金星堂

山本志都・石黒武人・Milton Bennett・岡部大祐（２０２２）『異文化コミュニケーション・トレーニング：「異」と共に成長する』三修社

Ward. William A. (1970). *Foundations of Faith.* Droke House.

Whorf, B.L. (1941). The relation of habitual thought and behavior to language. In John B. Carroll (ed.). (1956). *Language, thought, and reality: Selected writings of Benjamin Lee Whorf.* MIT Press.

著者略歴

鳥飼玖美子《とりかいくみこ》

立教大学名誉教授。
NHK「太田光のつぶやき英語」講師。
コロンビア大学大学院修士課程修了、
サウサンプトン大学大学院人文学研究科博士課程修了(Ph.D.)。
同時通訳者を経て大学教員、ラジオ・テレビ英語講師。
専門は異文化コミュニケーション学、英語教育学、通訳翻訳学。
近著に『異文化コミュニケーション学』(岩波新書)、
『通訳者たちの見た戦後史：月面着陸から大学入試まで』(新潮文庫)、
『よくわかる英語教育学』(共著、ミネルヴァ書房)など。

幻冬舎新書 712

やっぱり英語をやりたい!

二〇二三年十一月三十日 第一刷発行
二〇二三年十二月三十日 第三刷発行

著者 鳥飼玖美子
発行人 見城 徹
編集人 小木田順子
編集者 四本恭子

発行所 株式会社 幻冬舎
〒一五一―〇〇五一 東京都渋谷区千駄ヶ谷四―九―七
電話 〇三―五四一一―六二一一(編集)
〇三―五四一一―六二二二(営業)
公式HP https://www.gentosha.co.jp/

ブックデザイン 鈴木成一デザイン室
印刷・製本所 株式会社 光邦

検印廃止

Printed in Japan ISBN978-4-344-98714-2 C0295
と-6-1

*この本に関するご意見・ご感想は、左記アンケートフォームからお寄せください。
https://www.gentosha.co.jp/e/